AF284326

Bibliografische Information der Deutschen Nationalbibliothek: Die Deutsche
Nationalbibliothek verzeichnet diese Publikation in der Deutschen
Nationalbibliografie; detaillierte bibliografische Daten sind im Internet über
dnb.dnb.de abrufbar.

Die automatisierte Analyse des Werkes, um daraus Informationen
insbesondere über Muster, Trends und Die automatisierte Analyse des
Werkes, um daraus Informationen insbesondere über Muster, Trends und
Korrelationen gemäß §44b UrhG („Text und Data Mining") zu gewinnen, ist
untersagt

© 2024 Julia Katrin Rohde

Weitere Mitwirkende: advisoryteam at3 GmbH

Verlag: BoD · Books on Demand GmbH, In de Tarpen 42, 22848 Norderstedt, bod@bod.de

Druck: Libri Plureos GmbH, Friedensallee 273, 22763 Hamburg

ISBN: 978-3-7534-4114-6

Table Of Contents

Kapitel 1: Einleitung

Die Bedeutung der Generation Z im beruflichen Kontext

Die Generation Z, geboren zwischen den späten 1990er und frühen 2010er Jahren, hat in den letzten Jahren zunehmend an Bedeutung im beruflichen Kontext gewonnen. Diese Generation bringt frische Perspektiven, neue Werte und innovative Ansätze in die Arbeitswelt. In einer Zeit, in der Unternehmen sich schnell an technologische Entwicklungen und gesellschaftliche Veränderungen anpassen müssen, ist das Verständnis der Bedürfnisse und Erwartungen dieser jungen Arbeitnehmer von entscheidender Bedeutung. Gen-Z ist nicht nur die erste Generation, die mit digitalen Technologien aufgewachsen ist, sondern sie ist auch die erste, die sich in einer Welt bewegt, die von ständigen Veränderungen geprägt ist.

Die Werte und Überzeugungen der Generation Z unterscheiden sich maßgeblich von denen vorheriger Generationen. Während die Millennials bereits mehr Wert auf Work-Life-Balance und persönliche Entwicklung legten als die vorigen Generationen, legt Gen-Z zusätzlich besonderen Wert auf Authentizität, Diversität und soziale Verantwortung. Diese Generation erwartet von Arbeitgebern, dass sie sich aktiv für gesellschaftliche Belange einsetzen und ein Arbeitsumfeld schaffen, das diese Werte widerspiegelt. Unternehmen, die diese Erwartungen ignorieren, riskieren nicht nur, talentierte Mitarbeiter zu verlieren, sondern auch ihr Image und ihre Wettbewerbsfähigkeit auf dem Markt zu gefährden.

Im Hinblick auf die Leistungserbringung in Organisationen ist die Generation Z ein wichtiger Treiber für Innovation und Effizienz. Ihre technologische Versiertheit ermöglicht es ihnen, neue Tools und Plattformen schnell zu adaptieren und zu nutzen, was die Produktivität steigern kann. Allerdings sollte nicht der Fehler begangen werden, dass Gen Z automatisch auch alle Tools und Programme bereits beherrscht, bloß weil sie auch "digital Natives" genannt werden, denn das ist nicht der Fall. Darüber hinaus bringen sie oft eine ausgeprägte Fähigkeit zur kritischen Betrachtung und differenzierten Sichtweise mit, die in dynamischen Arbeitsumgebungen von unschätzbarem Wert sein kann, wenn sie richtig und geführt eingesetzt wird. Unternehmen sollten daher Strategien entwickeln, die die Stärken dieser Generation fördern und gleichzeitig Raum für kreatives Denken und Experimentieren bieten.

Die Integration der Generation Z in leistungsorientierte Organisationen erfordert jedoch auch eine Anpassung der Führungsstile und Unternehmenskulturen. Traditionelle Hierarchien und autoritäre Führungsansätze stoßen bei dieser Generation häufig auf Widerstand. Stattdessen bevorzugt Gen-Z transparente Kommunikation, flache Hierarchien und eine partizipative Entscheidungsfindung.

Dies erfordert von Führungskräften, empathisch und anpassungsfähig zu sein, um ein Arbeitsumfeld zu schaffen, das Vertrauen fördert und die Mitarbeiter ermutigt, ihre Ideen und Meinungen einzubringen.

Gerade, weil die Generation Z zukünftig immer mehr Mitarbeiter in den Kollegen stellen wird, sollte die Bedeutung der Generation Z im beruflichen Kontext nicht unterschätzt werden. Neben der wachsende Arbeitnehmergruppe kann die Gen Z auch eine Quelle von Innovation, Kreativität und frischen Ideen darstellen. Unternehmen, die sich proaktiv mit den Wünschen und Bedürfnissen dieser Generation auseinandersetzen, werden in der Lage sein, eine starke, leistungsorientierte Organisation zu entwickeln oder beizubehalten, die den Anforderungen der Zukunft gewachsen ist. Indem sie Gen-Z in ihre Strategien einbeziehen, können Unternehmen nicht nur ihre Wettbewerbsfähigkeit sichern, sondern auch eine positive, inspirierende Arbeitsumgebung schaffen, die die besten Talente anzieht und hält.

Ziel und Struktur des Buches

Mit diesem Buch wollen wir ein tiefgreifendes Verständnis für die Rolle der Generation Z in leistungsorientierten Organisationen entwickeln. Diese Generation bringt neue Perspektiven, Werte und Erwartungen in die Arbeitswelt, die sowohl Herausforderungen als auch Chancen für Unternehmen darstellen. Durch fundierte Analysen und praxisnahe Beispiele wollen wir aufzeigen, wie Unternehmen die Stärken und Potenziale dieser jungen Mitarbeiter optimal nutzen können, um eine wettbewerbsfähige und innovative Arbeitsumgebung zu schaffen.

Die Struktur des Buches ist in mehrere zentrale Abschnitte gegliedert, die systematisch auf die unterschiedlichen Facetten der Integration von Gen-Z in Unternehmen eingehen. Zunächst wird die demografische und psychologische Analyse der Generation Z vorgenommen, um deren spezifische Merkmale und Bedürfnisse zu beleuchten. Darauf folgt eine Untersuchung der Erwartungen dieser Generation hinsichtlich Arbeitskultur, Karriereentwicklung und Work-Life-Balance. Diese Grundlagen schaffen das notwendige Verständnis, um die folgenden Kapitel sinnvoll und zielgerichtet zu gestalten.

Ein weiterer wichtiger Teil des Buches widmet sich den Veränderungen in der Führungskultur, die erforderlich sind, um Gen-Z erfolgreich in die Unternehmensstrukturen zu integrieren.

Hierbei wird der Fokus auf moderne Führungsansätze gelegt, die Transparenz, Feedback und Partizipation fördern. Diese Aspekte sind entscheidend, um eine positive und leistungsorientierte Atmosphäre zu schaffen, die die Motivation und das Engagement der Mitarbeiter steigert. Fallstudien aus verschiedenen Branchen illustrieren, wie Unternehmen diese Prinzipien erfolgreich umsetzen können. Zusätzlich wird auf die Bedeutung von Diversität und Inklusion eingegangen, die für Gen-Z einen hohen Stellenwert hat. Die Generation strebt nach einer Arbeitsumgebung, die Vielfalt schätzt und fördert. Dieser Abschnitt des Buches zeigt auf, wie Unternehmen durch gezielte Strategien und Maßnahmen ein inklusives Umfeld schaffen können, das nicht nur die Zufriedenheit der Mitarbeiter erhöht, sondern auch die Innovationskraft stärkt. Die Implementierung solcher Strategien wird anhand konkreter Beispiele verdeutlicht.

Abschließend wird das Buch mit einem Ausblick auf zukünftige Entwicklungen und Trends in der Arbeitswelt schließen. Die digitale Transformation und die sich ständig verändernden Anforderungen an Unternehmen werden hierbei ebenso thematisiert. Wir möchten dazu inspirieren, proaktiv auf die Herausforderungen der kommenden Jahre zu reagieren und Gen-Z als treibende Kraft in leistungsorientierten Organisationen zu betrachten. So wird das Buch nicht nur zu einem Leitfaden für das Management und die HR-Abteilungen, sondern auch zu einer wertvollen Ressource für alle Mitarbeiter, die aktiv an der Gestaltung der Zukunft ihrer Unternehmen mitwirken möchten.

Kapitel 2: Wer ist die Generation Z?

Demographische Merkmale

Die demografischen Merkmale der Generation Z sind entscheidend für das Verständnis ihrer Rolle in leistungsorientierten Organisationen. Diese Generation, geboren zwischen den späten 1990er Jahren und den frühen 2010er Jahren, wächst in einer stark digitalisierten Welt auf. Ihre Mitglieder sind nicht nur mit modernen Technologien vertraut, sondern auch in einem Umfeld aufgewachsen, das von globalen Herausforderungen wie Klimawandel, sozialer Ungleichheit und einer sich schnell verändernden Arbeitswelt geprägt ist. Diese Erfahrungen prägen ihre Werte, Erwartungen und Verhaltensweisen am Arbeitsplatz.

Ein wesentliches demografisches Merkmal von Gen-Z ist ihre Diversität. Diese Generation ist hinsichtlich Ethnie, Geschlecht und kulturellem Hintergrund vielfältiger als jede vorherige. In vielen Ländern machen Menschen mit Migrationshintergrund einen signifikanten Teil der Gen-Z aus. Diese Diversität bringt unterschiedliche Perspektiven und Ideen in die Unternehmen, fördert Innovation und Kreativität und stellt eine wertvolle Ressource für leistungsorientierte Organisationen dar, die auf unterschiedliche Märkte und Zielgruppen reagieren müssen. Allerdings bietet sie auch Konfliktpotentiale.

Ein weiteres wichtiges Merkmal ist die Bildung. Gen-Z ist die am höchsten gebildete Generation bisher, da ein großer Teil von ihnen eine Hochschulausbildung anstrebt oder bereits abgeschlossen hat.

Diese akademische Qualifikation geht oft Hand in Hand mit einem starken Wunsch nach kontinuierlicher Weiterbildung und persönlicher Entwicklung. Unternehmen, die diese Bedürfnisse erkennen und entsprechende Entwicklungsmöglichkeiten anbieten, können eine engagierte und motivierte Belegschaft gewinnen, die bereit ist, zur Erreichung der Unternehmensziele beizutragen.

Die Einstellung zur Arbeit unterscheidet sich ebenfalls von früheren Generationen. Gen-Z legt großen Wert auf Work-Life-Balance und flexible Arbeitsmodelle. Sie streben nach einem Job, der nicht nur finanziellen Erfolg verspricht, sondern auch Sinn stiftet und mit ihren persönlichen Werten übereinstimmt. Leistungsorientierte Organisationen sollten diese Erwartungen ernst nehmen und entsprechende Maßnahmen ergreifen, um ein attraktives Arbeitsumfeld zu schaffen, das die Bedürfnisse dieser Generation berücksichtigt.

Schließlich ist die Vernetzung ein zentrales Merkmal der Gen-Z. Durch soziale Medien und digitale Plattformen sind sie nicht nur miteinander, sondern auch mit Unternehmen und Marken verbunden. Diese Vernetzung beeinflusst ihre Kaufentscheidungen und Loyalität gegenüber Arbeitgebern. Unternehmen, die transparente Kommunikation und authentische Werte fördern, können sich als attraktive Arbeitgeber positionieren und dadurch die Talente der Generation Z für sich gewinnen. Für die Organisation ist es wichtig, diese demografischen Merkmale zu verstehen und in die Personalplanung zu integrieren.

Werte und Einstellungen

Werte und Einstellungen spielen eine entscheidende Rolle in der Interaktion zwischen Generation Z und leistungsorientierten Organisationen. Gen-Z zeichnet sich durch ein starkes Bewusstsein für soziale Gerechtigkeit, Diversität und Nachhaltigkeit aus. Diese Generation legt großen Wert auf Authentizität und Transparenz, sowohl in der Unternehmenskommunikation als auch in der Unternehmenskultur. Für Führungskräfte und das Management ist es also wichtig, diese Werte zu verstehen und bestmöglich in die Unternehmensstrategie zu integrieren, um das Engagement und die Bindung dieser Generation zu fördern. Dabei ist es jedoch wichtig, auch die bisherigen Mitarbeiter anderer Generationen entsprechend einzubinden.

Ein zentraler Aspekt der Werte von Gen-Z ist der Wunsch nach Sinnhaftigkeit in der Arbeit. Junge Talente suchen nicht nur nach einem Arbeitsplatz, sondern nach einer sinnvollen Tätigkeit, die einen positiven Einfluss auf die Gesellschaft hat. Unternehmen, die es schaffen, ihre Mission und Vision klar zu kommunizieren und auf die Werte ihrer Mitarbeiter einzugehen, können sich als attraktive Arbeitgeber positionieren. Die Herausforderung für die Geschäftsführung besteht darin, eine klare Verbindung zwischen den Unternehmenszielen und den individuellen Werten der Mitarbeiter aber auch der gesamten Gesellschaft herzustellen.

Die Einstellung zur Work-Life-Balance ist ein weiterer wichtiger Faktor. Gen-Z strebt nach einem ausgewogenen Verhältnis zwischen beruflichen Verpflichtungen und persönlichen Interessen.

Flexible Arbeitszeiten, Homeoffice-Optionen und ein respektvoller Umgang mit der Freizeit sind entscheidend, um die Zufriedenheit und Produktivität dieser Generation zu gewährleisten. HR-Abteilungen müssen innovative Maßnahmen entwickeln, um diesen Bedürfnissen gerecht zu werden und ein Arbeitsumfeld zu schaffen, das sowohl die Leistungsorientierung als auch das Wohlbefinden der Mitarbeiter fördert Dabei ist allerdings wichtig, sich als Unternehmen die Frage zu stellen, was gewollt ist und was nicht. Dies transparent zu kommunizieren ist oftmals für die Gen-Z wesentlich wichtiger als alle Benefits zu erhalten.

Darüber hinaus zeigt sich bei Gen-Z eine ausgeprägte Neigung zu kollektiven Entscheidungsprozessen und Teamarbeit.
Diese Generation schätzt die Einbeziehung in Entscheidungsfindungen und einen kooperativen Führungsstil. Hier ist die Führungsebene gefragt, eine Kultur der Offenheit und des Austauschs zu schaffen, in der die Meinungen und Ideen aller Mitarbeiter gewürdigt werden. Dies fördert nicht nur die Kreativität, sondern stärkt auch das Gemeinschaftsgefühl und die Identifikation mit dem Unternehmen. Gleichzeitig braucht die Gen-Z jedoch auch die klare Vision und Mission "nach vorn". Dies klingt erst einmal widersprüchlich, ist jedoch vor allem eine Frage der Kommunikation.

Dies geschieht, vor allem in etablierten Unternehmen, nicht über Nacht, auch wenn die Gen-Z oft ungeduldig erscheinen mag. Wichtig ist die Kommunikation des Unternehmens gegenüber aller Mitarbeiter.

Letztlich wird die Fähigkeit von Unternehmen, sich an die Werte und Einstellungen von Gen-Z anzupassen, entscheidend für ihren zukünftigen Erfolg sein. Organisationen, die die Bedürfnisse dieser Generation ernst nehmen und aktiv in die Gestaltung ihrer Unternehmenskultur einbeziehen, werden nicht nur talentierte Mitarbeiter gewinnen, sondern auch deren Loyalität und Engagement langfristig sichern. Die Herausforderung besteht darin, eine Balance zwischen den Leistungsanforderungen der Organisation und den Wünschen der jüngeren Generation zu finden, um eine harmonische und produktive Arbeitsumgebung zu schaffen.

Digitale Natives: Einfluss der Technologie

Digitale Natives sind die erste Generation, die von Geburt an mit digitalen Technologien aufgewachsen ist. Diese tiefgreifende Vertrautheit mit Technik prägt nicht nur ihr persönliches Leben, sondern auch ihre Erwartungen und Verhaltensweisen in der Arbeitswelt. Gen-Z, die in einer Zeit des rasanten technologischen Wandels aufgewachsen ist, bringt eine andere Sichtweise auf Kommunikation, Zusammenarbeit und Produktivität in Unternehmen. Diese Veränderungen stellen eine Herausforderung, aber auch eine Chance für Organisationen dar, die sich an die Bedürfnisse und das Verhalten einer digital affinen Belegschaft anpassen möchten.

Die Technologie hat die Art und Weise, wie Gen-Z Informationen konsumiert und verarbeitet, revolutioniert. Diese Generation hat Zugang zu einer Fülle von Informationen über das Internet, soziale Medien und mobile Anwendungen. Die Fähigkeit, schnell zu recherchieren und Informationen zu bewerten, ist ausgeprägt, allerdings ist die Aufmerksamkeitsspanne geringer als in anderen Generationen, auch werden die Informationen häufiger wenig kritisch hinterfragt. In leistungsorientierten Organisationen bedeutet dies, dass Unternehmen ihre internen Kommunikationsstrategien überdenken müssen, um den Bedürfnissen dieser digitalen Welt gerecht zu werden. Effiziente, transparente und zugängliche Informationsflüsse sind entscheidend, um die Mitarbeitermotivation und -bindung zu fördern.

Aber nicht nur das: Unternehmen müssen klar und gezielt kommunizieren und informieren, da die Generation Z weniger als andere Generationen über die Bewertung von Informationen weiss - vor allem durch diese Gegebenheit ist es überhaupt möglich, Fehlinformations-Kampagnen aufzusetzen und ganze Wahlen zu beeinflussen. Darüber hinaus hat die Technologie auch die Erwartungen an die Arbeitsumgebung verändert. Gen-Z bevorzugt flexible Arbeitsmodelle und eine ausgeglichene Work-Life-Balance, die durch digitale Tools unterstützt werden. Die Möglichkeit, remote zu arbeiten und moderne Technologien zur Zusammenarbeit zu nutzen, ist für viele junge Talente ein wesentlicher Faktor bei der Wahl ihres Arbeitgebers. Diese Anforderungen machen es vor allem neuen Marken und Unternehmen schwierig, eine Kultur aufzubauen, denn wenn Kollegen sich vor allem virtuell sehen, ist es schwierig, eine Firmenkultur zu etablieren die alle Generationen einbezieht.

Unternehmen, die diese Aspekte berücksichtigen und entsprechende Angebote schaffen, können sich als attraktive Arbeitgeber positionieren und junge Talente gewinnen.

Die Integration von Technologie in die Unternehmenskultur ist ein weiterer wichtiger Punkt. Gen-Z erwartet, dass Unternehmen innovative und benutzerfreundliche Technologien einsetzen, um Prozesse zu optimieren und die Effizienz zu steigern. Das Schwierige ist jedoch, dass die jungen Generationen oftmals keine Kenntnis über Technologien und Prozesse von Unternehmen oder deren Anwendung im Alltag haben, da sie diese nicht im Rahmen ihrer bisherigen Erfahrung erlangen konnten. Hier das richtige Maß zu finden ist die Aufgabe des Leaderships.

Allerdings sind digitale Tools wie Kommunikationsplattformen und Datenanalytik sind nicht nur nützlich, sondern auch entscheidend für die Wettbewerbsfähigkeit. Eine technologische Affinität und die Bereitschaft zur digitalen Transformation werden somit zu Schlüsselfaktoren für den Erfolg von Organisationen, die Gen-Z anziehen und halten möchten, denn hier sind, bei richtiger Kultur und Einbringung der Generation Z, die Möglichkeiten groß, sich als spannender Arbeitgeber zu zeigen.

Wichtig ist allerdings zu beachten, dass die Gen-Z auch auch diese Tools trainiert werden muss. Sie lernen neue Technologien sicherlich schneller, aber dadurch, dass sie anders lernen, muss auch hier auf die verschiedenen Generationen eingegangen werden.

Die Rolle von Technologie darf im Leben der digitalen Natives nicht unterschätzt werden . Unternehmen, die die Bedürfnisse und Erwartungen von Gen-Z ernst nehmen und sich an die digitale Realität anpassen, haben die Möglichkeit, eine leistungsorientierte Organisation zu gestalten, die nicht nur die Talente von heute anzieht, sondern auch für die Herausforderungen von morgen gut gerüstet ist. Wer die Potenziale dieser Generation erkennt und gezielt in die Entwicklung einer zukunftsfähigen Unternehmenskultur investiert, allerdings ohne die vorherigen Generationen zu übergehen, wird ein langfristig leistungsorientiertes Unternehmen aufbauen oder erhalten können.

Kapitel 3: Die Erwartungen der Generation Z an den Arbeitsplatz

Flexibilität und Work-Life-Balance

Flexibilität und Work-Life-Balance sind zentrale Themen, die für die Generation Z von entscheidender Bedeutung sind. Diese Generation, die in eine digitale Welt hineingeboren wurde, hat andere Erwartungen an den Arbeitsplatz als ihre Vorgänger. Sie strebt nicht unbedingt nach beruflichem Erfolg, sondern legt auch großen Wert auf ein ausgewogenes Verhältnis zwischen Arbeit und Privatleben. Unternehmen, die in der Lage sind, flexible Arbeitsmodelle anzubieten, sind besser positioniert, um die Talente der Gen-Z zu gewinnen und zu halten.

Ein wichtiger Aspekt der Flexibilität ist die Möglichkeit, Arbeitszeiten und -orte individuell zu gestalten. Die Generation Z erwartet, dass Unternehmen hybride Arbeitsmodelle implementieren, die sowohl Homeoffice als auch Präsenzarbeit ermöglichen. Diese Flexibilität fördert nicht nur die Zufriedenheit der Mitarbeiter, sondern steigert - nach Meinung von Gen Z - auch die Produktivität. Während einige Studien zeigen, dass Mitarbeiter, die ihre Arbeitsbedingungen selbst bestimmen können, oft motivierter und engagierter sind, gibt es ebenfalls viele Studien, die zeigen, dass hybride Modelle oftmals gegen die Etablierung einer echten Unternehmenskultur arbeiten. Ebenso sind hoch innovative und technologische Unternehmen bei hybriden oder Homoffice-Modellen oftmals benachteiligt.

Daher sollten Unternehmen die Bedürfnisse dieser Generation so in ihre Personalstrategie integrieren, daß sie sowohl dem Anspruch für die Gen-Z abbilden, jedoch auch das gesamte Unternehmen im Blick behalten. Denn nicht jeder Anspruch lässt sich auch in jedem Unternehmen durchsetzen. Auch hier ist es wichtig, transparent zu kommunizieren.

Darüber hinaus spielt die Unternehmenskultur eine entscheidende Rolle bei der Förderung der Work-Life-Balance. Gerade Organisationen, die Wert auf eine offene Kommunikation und ein unterstützendes Arbeitsumfeld legen, schaffen Bedingungen, unter denen Mitarbeiter ihre beruflichen und persönlichen Verpflichtungen besser in Einklang bringen können. Eine positive Unternehmenskultur, die die Gesundheit und das Wohlbefinden der Mitarbeiter priorisiert, trägt dazu bei, Burnout und Stress zu reduzieren, was wiederum die Mitarbeiterbindung stärkt.

Ein weiterer wichtiger Faktor ist die kontinuierliche Weiterbildung und Entwicklung. Die Generation Z ist bestrebt, in ihrer Karriere voranzukommen, ohne dabei ihre persönliche Lebensqualität zu opfern. Auch wenn das für viele ältere Generationen nur schwer nachvollziehbar scheint, ist das für jüngere Generationen das "new normal". Unternehmen sollten daher Programme anbieten, die es den Mitarbeitern ermöglichen, ihre Fähigkeiten auszubauen und gleichzeitig flexible Lernmöglichkeiten zu nutzen. Dies kann durch Online-Kurse, Mentoring-Programme oder auch durch die Unterstützung von Projekten geschehen, die den Mitarbeitern sowohl berufliche als auch persönliche Erfüllung bieten.

Zusammenfassend lässt sich sagen, dass Flexibilität und Work-Life-Balance grundlegende Elemente sind, die die Arbeitswelt der Zukunft prägen werden. Unternehmen, die diese Aspekte ernst nehmen und aktiv in ihre Strategien integrieren, werden nicht nur die besten Talente der Generation Z anziehen, sondern auch eine langfristige und erfolgreiche Zusammenarbeit fördern.

Indem sie ein Umfeld schaffen, das sowohl berufliche als auch persönliche Bedürfnisse berücksichtigt, können Organisationen eine loyale und engagierte Belegschaft entwickeln, die bereit ist, gemeinsam die Herausforderungen der Zukunft zu meistern.

Unternehmenskultur und Werte

Unternehmenskultur und Werte sind entscheidende Faktoren für den Erfolg moderner Organisationen, insbesondere im Kontext der Integration von Gen-Z. Diese Generation bringt neue Erwartungen und Perspektiven in die Arbeitswelt ein, die sich stark von den vorhergehenden Generationen unterscheiden. Eine positive Unternehmenskultur, die Werte wie Transparenz, Diversität und Nachhaltigkeit fördert, ist von zentraler Bedeutung, um die Motivation und das Engagement der Mitarbeiter zu steigern. Gen-Z sucht nach Sinnhaftigkeit in ihrer Arbeit und möchte Teil eines Unternehmens sein, das ihre ethischen und sozialen Überzeugungen teilt.

Die Werte einer Organisation definieren nicht nur das äußere Erscheinungsbild, sondern beeinflussen auch die internen Prozesse und das Verhalten der Mitarbeiter. Gen-Z legt großen Wert auf Authentizität und Integrität. Unternehmen, die ihre Werte konsequent leben und kommunizieren, gewinnen das Vertrauen dieser Generation. Eine klare Wertebasis ermöglicht es, eine starke Bindung zwischen den Mitarbeitern und dem Unternehmen aufzubauen. Gleichzeitig fördert sie ein positives Arbeitsumfeld, das Innovation und Kreativität begünstigt.

Ein weiterer Aspekt der Unternehmenskultur, der für Gen-Z von Bedeutung ist, ist die Flexibilität. Diese Generation schätzt die Möglichkeit, Arbeitszeiten und -orte flexibel zu gestalten.

Unternehmen, die eine Kultur der Flexibilität fördern, können nicht nur die Zufriedenheit ihrer Mitarbeiter steigern, sondern auch deren Produktivität und Loyalität erhöhen. Eine Unternehmenskultur, die Raum für individuelle Bedürfnisse und Work-Life-Balance lässt, spricht die Werte von Gen-Z an und zieht talentierte junge Fachkräfte an.

Zusätzlich ist die Förderung von Diversität und Inklusion ein zentraler Wert, den Gen-Z in der Unternehmenskultur erwartet. Diese Generation ist sich der globalen Herausforderungen bewusst und setzt sich aktiv für soziale Gerechtigkeit ein. Unternehmen, die eine diverse Belegschaft und ein inklusives Arbeitsumfeld schaffen, sind nicht nur attraktiver für Gen-Z, sondern profitieren auch von einer breiteren Perspektive und Kreativität. Die Vielfalt an Erfahrungen und Meinungen führt zu besseren Lösungen und innovativen Ansätzen.

Abschließend lässt sich festhalten, dass die Unternehmenskultur und die gelebten Werte entscheidend sind, um die Gen-Z erfolgreich in leistungsorientierte Organisationen zu integrieren. Ein wertorientierter Ansatz, der Flexibilität, Diversität und Authentizität umfasst, ist unerlässlich, um die Bedürfnisse dieser Generation zu erfüllen und eine langfristige Bindung zu fördern. Unternehmen, die diese Aspekte in den Mittelpunkt ihrer Strategien stellen, werden nicht nur im Wettbewerb um Talente bestehen, sondern auch die Grundlage für eine zukunftsorientierte und leistungsstarke Organisation schaffen.

Karriereentwicklung und Weiterbildung

Karriereentwicklung und Weiterbildung sind für die Generation Z von entscheidender Bedeutung, da sie in einem dynamischen und sich schnell verändernden Arbeitsumfeld aufwächst, genauso bereits zu ihrer Schulzeit. Diese Generation legt großen Wert auf persönliche und berufliche Entwicklung und erwartet von den Unternehmen, dass sie Ressourcen bereitstellen, die diese Entwicklung fördern.

Unternehmen, die in die Weiterbildung ihrer Mitarbeiter investieren, zeigen nicht nur ihre Wertschätzung, sondern schaffen auch ein Umfeld, das die Mitarbeiterbindung und -motivation stärkt. Eine klare Karriereentwicklungsstrategie ist somit nötig, um die Talente der Gen-Z zu fördern und langfristig im Unternehmen zu halten. Wichtig ist jedoch, die Forderungen der Generation mit den Zielen des Unternehmens zu kombinieren, um eine zukunftsfähige Unternehmensentwicklung zu entfalten.

Die Generation Z ist technologieaffin und sucht nach innovativen Lernmethoden, die an ihre Bedürfnisse und Lerngewohnheiten angepasst sind. Traditionelle Schulungsformate, wie Präsenzseminare, verlieren an Bedeutung. Stattdessen sind digitale Lernplattformen, Online-Kurse und interaktive Webinare gefragt. Unternehmen sollten daher ihre Weiterbildungsangebote diversifizieren und moderne Lernformen integrieren, um die Gen-Z anzusprechen. Dies ermöglicht den Mitarbeitern, in ihrem eigenen Tempo zu lernen und gleichzeitig die Flexibilität zu genießen, die sie in ihrem Arbeitsleben schätzen.

Ein weiterer wichtiger Aspekt der Karriereentwicklung für die Gen-Z ist das Mentoring. Junge Talente suchen nach erfahrenen Mentoren, die ihnen wertvolle Einblicke und Ratschläge geben können. Gleichzeitig möchten sie ihre Sichtweise und Erfahrungen ebenfalls mitteilen.

Unternehmen sollten Mentoring-Programme einführen, um den Austausch zwischen erfahrenen Mitarbeitern und neuen Talenten zu fördern. Solche Programme können nicht nur die berufliche Entwicklung der Gen-Z unterstützen, sondern auch das Wissen und die Erfahrung der älteren Generationen bewahren und weitergeben. Der Aufbau von Beziehungen innerhalb des Unternehmens trägt zur Schaffung eines unterstützenden und inspirierenden Arbeitsumfelds bei. Darüber hinaus sollte über sogenannte "reverse Mentoring" Programme nachgedacht werden, da diese das Verständnis zwischen den Generationen verbessern, denn Gen-Z ist durchaus bereit, auch von älteren Kollegen zu lernen.

Darüber hinaus ist die Feedbackkultur in leistungsorientierten Organisationen von großer Bedeutung. Die Gen-Z erwartet regelmäßiges und konstruktives Feedback zu ihrer Arbeit, um ihre Stärken und Verbesserungspotenziale zu identifizieren. Unternehmen sollten daher regelmäßige Mitarbeitergespräche und Rückmeldungen implementieren, um den Dialog zu fördern und die persönliche Entwicklung zu unterstützen. Eine offene Feedbackkultur stärkt nicht nur das Vertrauen, sondern trägt auch zur kontinuierlichen Verbesserung der Arbeitsleistung bei, dabei ist jedoch zu beachten, dass oftmals das Annehmen von Feedback von der Gen-Z erst erlernt werden muss.

Zusammenfassend lässt sich sagen, dass Karriereentwicklung und Weiterbildung zentrale Elemente sind, um die Generation Z in leistungsorientierten Organisationen erfolgreich zu integrieren. Unternehmen müssen innovative und flexible Lernangebote schaffen, Mentoring-Programme etablieren und eine offene Feedbackkultur fördern. Durch diese Maßnahmen können Unternehmen nicht nur die Talente der Gen-Z effektiv fördern, sondern auch eine engagierte und leistungsstarke Belegschaft aufbauen, die bereit ist, die Herausforderungen der Zukunft zu meistern.

Kapitel 4: Gen-Z und leistungsorientierte Organisationen

Definition leistungsorientierter Organisationen

Leistungsorientierte Organisationen zeichnen sich durch ihre Fähigkeit aus, klare Ziele zu definieren und diese mit hoher Effizienz zu erreichen. In solchen Organisationen steht die Leistung der Mitarbeitenden im Mittelpunkt, wobei der Fokus auf messbaren Ergebnissen und kontinuierlicher Verbesserung liegt. Die Definition dieser Organisationen umfasst nicht nur die Erreichung finanzieller Ziele, sondern auch die Förderung einer Kultur der Verantwortung und des Engagements. Diese Organisationen legen Wert auf Transparenz, Kommunikation und eine klare Struktur, die es den Mitarbeitenden ermöglicht, ihre individuellen Stärken einzubringen und zur Gesamtleistung beizutragen.

In solchen Unternehmen werden klare, quantitative Ziele und Leistungsindikatoren festgelegt, die den Handlungsrahmen definieren. Diese Ziele können auf verschiedenen Ebenen, wie Team-, Abteilungs- oder Organisationsniveau, festgelegt werden. Darüber hinaus haben sie eine klare und kommunizierte Identität, das heißt, das Unternehmen weiß, wofür es steht und kommuniziert dies klar an alle Mitarbeiter. Zweitens gibt es eine durchgängige Ausrichtung auf strategische Ziele, was bedeutet, dass alle Aktivitäten und Entscheidungen auf die Erreichung dieser Ziele ausgerichtet sind. Drittens liegt der Fokus stark auf den Bedürfnissen und Erwartungen der Kunden, was als Kundenorientierung bezeichnet wird. Ein weiteres Merkmal ist die Lern- und Anpassungsfähigkeit des Unternehmens.

Das bedeutet, dass das Unternehmen bereit ist, sich ständig weiterzuentwickeln und anzupassen.

Das zeigt bereits, daß in leistungsorientierten Organisationen großer Wert auf kontinuierliche Innovation gelegt wird, was die Innovationsfähigkeit des Unternehmens nochmals mehr unterstreicht. Die Fähigkeiten und Talente der Mitarbeiter werden optimal genutzt, was in der Literatur im Detail als Nutzung der Potenziale der Mitarbeiter beschrieben wird.

In leistungsorientierten Unternehmen herrscht unter anderem auch dadurch eine offene Kommunikation und eine kooperative Führungskultur, die als partnerschaftliche Führung bezeichnet wird. Es wird eine hohe Leistungsbereitschaft und -fähigkeit gefördert, was bedeutet, dass die Mitarbeiter motiviert und in der Lage sind, hohe Leistungen zu erbringen. Schließlich werden die Interessen aller Stakeholder berücksichtigt, was als balancierte Stakeholder-Orientierung bekannt ist. Diese Merkmale helfen dem Unternehmen, in einem dynamischen und oft unsicheren Umfeld erfolgreich zu sein.

Ein zentrales Merkmal leistungsorientierter Organisationen ist die Ausrichtung auf die Bedürfnisse der Kunden. Dies bedeutet, dass alle Aktivitäten und Strategien darauf abzielen, den Kundenwert zu maximieren.

Mitarbeiter werden ermutigt, innovative Lösungen zu entwickeln und sich aktiv an der Gestaltung von Prozessen zu beteiligen. Diese kundenorientierte Denkweise fördert eine agile Arbeitsweise, die es den Organisationen ermöglicht, sich schnell an Marktveränderungen anzupassen und wettbewerbsfähig zu bleiben.

Die Gen-Z hat in diesem Zusammenhang eine besondere Rolle, da diese Generation als erste vollumfänglich mit digitalen Technologien aufgewachsen ist und ein starkes Bedürfnis nach Sinnhaftigkeit und sozialer Verantwortung hat.

Die Integration von Gen-Z in leistungsorientierte Organisationen kann zu einer signifikanten Veränderung der Unternehmenskultur führen:
Gen-Z strebt nach einer Arbeitsumgebung, die nicht immer leistungsorientiert ist, sondern vor allem Raum für Kreativität und persönliche Entfaltung bietet. Diese Generation erwartet von ihren Arbeitgebern darüber hinaus, dass sie nicht nur Ergebnisse liefern, sondern auch ethische Standards und soziale Verantwortung fördern.

Daher ist es für Führungskräfte entscheidend, eine Balance zwischen Leistung und einem positiven Arbeitsumfeld zu schaffen, um die Talente dieser Generation zu gewinnen und langfristig zu binden.

Ein weiterer Aspekt, der bei der Definition leistungsorientierter Organisationen berücksichtigt werden muss, ist die kontinuierliche Weiterbildung und Entwicklung der Mitarbeitenden. In einer dynamischen Arbeitswelt ist es unerlässlich, dass Organisationen ihren Mitarbeitenden die Möglichkeit bieten, sich kontinuierlich weiterzubilden und neue Kompetenzen zu erwerben.

Gen-Z legt großen Wert auf persönliche Entwicklung und Karrierechancen. Organisationen, die diese Bedürfnisse ernst nehmen und entsprechende Programme anbieten, sind besser positioniert, um das volle Potenzial ihrer Mitarbeitenden auszuschöpfen und sich als attraktive Arbeitgeber zu positionieren.

Zusammenfassend lässt sich sagen, dass leistungsorientierte Organisationen durch eine klare Zielorientierung, Kundenfokus, eine offene Unternehmenskultur und die Förderung von Weiterbildung charakterisiert sind. Die Einbindung der Gen-Z in diese Organisationen bringt neue Perspektiven aber auch einige Herausforderungen mit sich, die es zu beachten gilt. Durch die Schaffung einer Umgebung, die sowohl Leistung als auch persönliche Entwicklung fördert, können Unternehmen nicht nur ihre Wettbewerbsfähigkeit steigern, sondern auch eine loyale und engagierte Belegschaft aufbauen.

Gen-Z als Treiber für Innovation und Veränderung

Die Generation Z bringt eine Vielzahl von Perspektiven und Werten in die Unternehmenslandschaft ein, die eine entscheidende Rolle bei der Förderung von Innovation und Veränderung spielen. Diese Generation ist mit digitalen Technologien aufgewachsen und hat ein tiefes Verständnis für die Möglichkeiten und Herausforderungen, die diese mit sich bringen. Ihre Fähigkeit, sich schnell an neue Technologien anzupassen und kreative Lösungen zu entwickeln, macht sie zu einem unverzichtbaren Bestandteil leistungsorientierter Organisationen, wenn man diese Kenntnisse gut einsetzt, jedoch klar auch die Limitierungen erkennt, dass ein "Digital Native" nicht automatisch IT Kompetenzen mitbringen. Gen-Z-Mitarbeiter sind vor allem technologische Natives und kritische Denker, die bereit sind, bestehende Prozesse zu hinterfragen und neue Ansätze zu entwickeln.

Durch ihr starkes Bedürfnis nach Sinnhaftigkeit in ihrer Arbeit strebt diese Generation nicht nur nach beruflichem Erfolg, sondern auch nach dem Gefühl, einen positiven Einfluss auf die Gesellschaft auszuüben. Unternehmen, die in der Lage sind, eine klare Mission und Werte zu kommunizieren, die mit diesen Überzeugungen übereinstimmen, werden in der Lage sein, das volle Potenzial dieser talentierten Nachwuchskräfte auszuschöpfen. Gen-Z fordert von ihren Arbeitgebern eine transparente Unternehmenskultur, die Innovation fördert und Raum für kreative Ideen schafft. Dies erfordert von Führungskräften ein Umdenken und die Bereitschaft, neue Wege der Zusammenarbeit zu beschreiten.

Die Diversität und Inklusivität, die Gen-Z in die Arbeitswelt einbringt, sind weitere Schlüsselfaktoren für Wandel und Innovation. Diese Generation ist sich der vielfältigen Perspektiven und Erfahrungen bewusst, die verschiedene Hintergründe und Identitäten mit sich bringen. Sie setzen sich aktiv für Gleichheit und Gerechtigkeit am Arbeitsplatz ein und treiben Unternehmen dazu, ihre Personalstrategien entsprechend anzupassen. Indem Unternehmen ein Umfeld schaffen, das Vielfalt schätzt und fördert, können sie nicht nur die Zufriedenheit und Bindung ihrer Mitarbeiter steigern, sondern auch die Innovationskraft und Kreativität innerhalb der Organisation stärken.

Ein weiterer Aspekt, der die Innovationskraft von Gen-Z hervorhebt, ist ihre ausgeprägte Fähigkeit zur Zusammenarbeit. Diese Generation ist es gewohnt, in vernetzten Umgebungen zu arbeiten, in denen Teamarbeit und Austausch über digitale Plattformen stattfinden. Sie bringen neue Kommunikationsstile mit, die den Austausch von Ideen und die Zusammenarbeit erleichtern. Organisationen, die agile Arbeitsmethoden und interdisziplinäre Teams fördern, profitieren von der Dynamik, die Gen-Z in diese Strukturen einbringt.

Diese Flexibilität und Anpassungsfähigkeit sind entscheidend, um in einem sich schnell verändernden Markt wettbewerbsfähig zu bleiben.

Abschließend lässt sich festhalten, dass Gen-Z als Treiber für Innovation und Veränderung in leistungsorientierten Organisationen fungiert. Ihre digitale Affinität, ihr Streben nach Sinnhaftigkeit, ihr Einsatz für Diversität und ihre Teamfähigkeit sind wertvolle Ressourcen, die Unternehmen nutzen sollten, um sich in einer zunehmend komplexen und dynamischen Geschäftswelt zu behaupten. Um die volle Leistungsfähigkeit dieser Generation zu entfalten, müssen Führungskräfte bereit sein, ihre Denk- und Handlungsweisen zu überdenken und eine Kultur zu schaffen, die Innovation und kontinuierliches Lernen fördert. In der Zusammenarbeit mit Gen-Z liegt der Schlüssel zur Gestaltung einer zukunftsfähigen und leistungsstarken Organisation.

Herausforderungen und Chancen

Die Generation Z steht vor einer Vielzahl von Herausforderungen und Chancen, die sowohl für Unternehmen als auch für die jungen Arbeitnehmer selbst von Bedeutung sind. In einer Zeit, in der technologische Entwicklungen und gesellschaftliche Veränderungen rasant voranschreiten, müssen Unternehmen ihre Strukturen und Strategien anpassen, um die Bedürfnisse und Erwartungen dieser neuen Generation zu erfüllen. Besonders in leistungsorientierten Organisationen ist es entscheidend, ein Arbeitsumfeld zu schaffen, das nicht nur die Talente von Gen-Z fördert, sondern auch deren Werte und Einstellungen berücksichtigt.

Eine der größten Herausforderungen besteht darin, die Vielfalt und Individualität der Gen-Z-Arbeitnehmer zu erkennen und zu integrieren. Diese Generation bringt unterschiedliche Hintergründe, Perspektiven und Erwartungen mit sich, die in die Unternehmenskultur einfließen müssen. Unternehmen müssen sich der Tatsache bewusst sein, dass die traditionelle Hierarchie in vielen Fällen nicht mehr zeitgemäß ist. Stattdessen ist ein agiler, flexibler Ansatz erforderlich, der es Mitarbeitern ermöglicht, Verantwortung zu übernehmen und aktiv an Entscheidungsprozessen teilzunehmen. Hierbei gilt es, eine offene Kommunikation zu fördern, um Vertrauen und Zusammenarbeit zu stärken.

Zugleich bieten sich Unternehmen zahlreiche Chancen, wenn sie die Bedürfnisse von Gen-Z proaktiv adressieren. Diese Generation legt großen Wert auf sinnstiftende Arbeit und eine positive Unternehmenskultur. Unternehmen, die es schaffen, ihre Mission und Werte klar zu kommunizieren, werden in der Lage sein, die besten Talente zu gewinnen und langfristig zu binden. Die Integration von sozialen und ökologischen Aspekten in die Unternehmensstrategie kann nicht nur die Arbeitgebermarke stärken, sondern auch zu einem höheren Engagement der Mitarbeiter führen. Gen-Z ist bereit, für Unternehmen zu arbeiten, die ihre Werte teilen und verantwortungsvoll handeln.

Technologische Affinität ist ein weiteres Merkmal von Gen-Z, das Unternehmen als Chance nutzen können. Diese Generation ist wie bereits erwähnt mit digitalen Technologien aufgewachsen und bringt innovative Ideen und Ansätze in die Arbeitswelt ein. Unternehmen, die diese digitale Kompetenz fördern und in ihre Prozesse integrieren, können nicht nur ihre Effizienz steigern, sondern auch ihre Wettbewerbsfähigkeit verbessern. Es ist wichtig, Schulungs- und Weiterbildungsangebote zu schaffen, die es Gen-Z-Mitarbeitern ermöglichen, ihre Fähigkeiten kontinuierlich zu entwickeln und sich den Herausforderungen der digitalen Transformation zu stellen.

Abschließend lässt sich sagen, dass die Herausforderungen und Chancen, die Gen-Z in leistungsorientierten Organisationen mit sich bringt, sowohl Risiken als auch Potenziale bergen. Unternehmen, die bereit sind, sich auf die Bedürfnisse dieser Generation einzustellen und eine integrative, innovative Kultur zu fördern, werden nicht nur erfolgreicher sein, sondern auch als Arbeitgeber attraktiv bleiben. Die Zukunft der Arbeit erfordert ein Umdenken, bei dem die Stimmen und Perspektiven von Gen-Z entscheidend sind, um eine nachhaltige und leistungsstarke Organisation zu schaffen.

Kapitel 5: Führungsstile und Generation Z

Anforderungen an Führungskräfte

Die Anforderungen an Führungskräfte in der heutigen Arbeitswelt haben sich signifikant verändert, insbesondere im Hinblick auf die Integration der Generation Z in leistungsorientierte Organisationen. Diese Generation bringt frische Perspektiven und Ansprüche mit, die Führungskräfte herausfordern, ihre Ansätze grundlegend zu überdenken. Eine der zentralen Anforderungen ist die Fähigkeit, eine inklusive und unterstützende Unternehmenskultur zu schaffen, die den Bedürfnissen und Wünschen der jüngeren Mitarbeiter entspricht. Gen-Z erwartet von ihren Führungskräften nicht nur fachliche Kompetenz, sondern auch Empathie und ein offenes Ohr für ihre Anliegen.

Ein weiterer wichtiger Aspekt ist die Förderung von Transparenz und Kommunikation. Generation Z schätzt klare, ehrliche Informationen und regelmäßiges Feedback, wobei sie letzteres meist erst noch lernen müssen - sowohl zu geben als auch anzunehmen. Führungskräfte müssen in der Lage sein, transparente Kommunikationskanäle zu etablieren und eine Umgebung zu schaffen, in der jeder Mitarbeiter das Gefühl hat, Gehör zu finden. Dies erfordert eine aktive Auseinandersetzung mit den unterschiedlichen Kommunikationsstilen und Präferenzen innerhalb des Teams. Eine proaktive und ehrliche Kommunikation fördert nicht nur das Vertrauen, sondern auch die Motivation und das Engagement der Mitarbeiter.

Zusätzlich ist die Flexibilität in der Arbeitsgestaltung eine zentrale Anforderung. Gen-Z Mitarbeiter legen großen Wert auf die Vereinbarkeit von Beruf und Privatleben und erwarten, dass Führungskräfte flexible Arbeitsmodelle unterstützen, die sowohl Homeoffice als auch individuelle Arbeitszeiten umfassen können. Diese Flexibilität trägt nicht nur zur Zufriedenheit der Mitarbeiter bei, sondern kann auch die Produktivität steigern, da die Mitarbeiter in einem Umfeld arbeiten, das ihren persönlichen Bedürfnissen entspricht. Führungskräfte müssen daher bereit sein, innovative Lösungen zur Arbeitsgestaltung zu entwickeln und anzuwenden.

Die Förderung von kontinuierlichem Lernen und Entwicklung ist eine weitere Schlüsselanforderung an Führungskräfte. Generation Z zeigt ein starkes Interesse an persönlicher und beruflicher Weiterentwicklung. Führungskräfte sollten daher Programme und Möglichkeiten anbieten, die den Mitarbeitern helfen, ihre Fähigkeiten auszubauen und neue Kompetenzen zu erwerben. Dies kann durch Schulungen, Mentorship-Programme (auch Reverse Mentoring!) oder die Unterstützung von Weiterbildungsmaßnahmen geschehen. Indem Führungskräfte eine Lernkultur etablieren, können sie nicht nur die Talente der Mitarbeiter fördern, sondern auch die Innovationskraft des Unternehmens steigern.

Schließlich ist die Fähigkeit zur Anpassung an technologische Veränderungen unerlässlich. Generation Z ist mit digitalen Technologien aufgewachsen und erwartet von ihren Führungskräften, dass sie diese Technologien nicht nur verstehen, sondern auch aktiv nutzen, um den Arbeitsalltag zu verbessern. Führungskräfte müssen sich kontinuierlich mit neuen Technologien auseinandersetzen und bereit sein, diese in ihre Führungsstrategien zu integrieren. Durch den Einsatz moderner Technologien können sie nicht nur die Effizienz steigern, sondern auch die Zusammenarbeit und Kommunikation innerhalb des Teams fördern. In der dynamischen Welt der leistungsorientierten Organisationen ist die Fähigkeit, sich schnell anzupassen und Veränderungen zu antizipieren, eine unverzichtbare Kompetenz für jede Führungskraft.

Empowerment und Selbstorganisation

Empowerment und Selbstorganisation sind zentrale Elemente, die die Arbeitsweise von Generation Z in leistungsorientierten Organisationen prägen. Diese Generation ist mit Technologien aufgewachsen, die Selbstständigkeit und Flexibilität fördern. In einer Umgebung, die von raschen Veränderungen und einem hohen Wettbewerbsdruck gekennzeichnet ist, zeigt Gen-Z ein starkes Bedürfnis nach Autonomie. Sie möchten nicht nur Aufgaben erledigen, sondern auch Einfluss auf Entscheidungsprozesse nehmen und Verantwortung übernehmen. Dies erfordert von Führungskräften ein Umdenken, um eine Kultur zu schaffen, die Empowerment und Selbstorganisation unterstützt.

Eine wesentliche Voraussetzung für Empowerment ist das Vertrauen zwischen Führungskräften und Mitarbeitenden. Gen-Z erwartet, dass ihre Meinungen gehört werden und dass sie aktiv an der Gestaltung von Arbeitsprozessen beteiligt sind. Dies kann durch partizipative Entscheidungsfindung erreicht werden, bei der Mitarbeitende in die Entwicklung von Strategien und Zielen einbezogen werden. Solche Ansätze fördern nicht nur das Engagement, sondern auch die Identifikation mit den Unternehmenszielen. Wenn Mitarbeitende das Gefühl haben, dass ihre Beiträge wertgeschätzt werden, sind sie motivierter, Verantwortung zu übernehmen und proaktive Lösungen zu entwickeln. Wichtig ist jedoch, dass dabei die jüngere Generation langsam an diese Aufgaben herangeführt wird und die Ziele des Unternehmens stets im Blick gehalten werden durch die Führungskräfte.

Ein weiteres wichtiges Element der Selbstorganisation ist die Flexibilität in der Arbeitsgestaltung. Gen-Z präferiert oft flexible Arbeitszeiten und die Möglichkeit, remote zu arbeiten. Unternehmen, die diese Aspekte berücksichtigen, können die Produktivität und Zufriedenheit ihrer Mitarbeitenden erheblich steigern. Dies ist nicht in jedem Job möglich, auch haben Unternehmen verschiedene Richtlinien dazu. Diese jedoch klar und transparent zu kommunizieren ist oft wichtiger als die Flexibilität selbst.

Selbstorganisation ermöglicht es den Mitarbeitenden, ihre Arbeit nach ihren individuellen Bedürfnissen und Lebensumständen zu gestalten. Dies führt zu einer besseren Work-Life-Harmony und fördert gleichzeitig die Innovationskraft, da Mitarbeitende in einem Umfeld arbeiten, das ihre Kreativität und Selbstbestimmung unterstützt.

Die Implementierung von Selbstorganisation erfordert jedoch auch eine entsprechende Schulung und Unterstützung der Mitarbeitenden. Führungskräfte sollten nicht nur die Rahmenbedingungen schaffen, sondern auch die notwendigen Kompetenzen vermitteln, damit Mitarbeitende in der Lage sind, selbstorganisiert zu arbeiten. Dazu gehören Fähigkeiten wie Zeit- und Projektmanagement, Selbstreflexion und Teamarbeit. Unternehmen sollten regelmäßige Trainings und Workshops anbieten, um diese Fähigkeiten zu fördern und ein unterstützendes Umfeld zu schaffen, in dem Mitarbeitende lernen, selbstständig zu agieren und Verantwortung zu übernehmen.

Letztlich zeigt sich, dass Empowerment und Selbstorganisation nicht nur die Zufriedenheit und Motivation von Generation Z erhöhen, sondern auch zu einer höheren Leistungsfähigkeit der Organisationen beitragen. Unternehmen, die bereit sind, diese neuen Arbeitsansätze zu integrieren, werden langfristig von einem dynamischen, engagierten und innovativen Team profitieren. Die Anpassung an die Bedürfnisse dieser Generation ist somit nicht nur eine Frage des Personalmanagements, sondern eine strategische Notwendigkeit, um im Wettbewerb bestehen zu können.

Feedbackkultur und Kommunikation

Feedbackkultur und Kommunikation spielen eine entscheidende Rolle in der Integration von Gen-Z in leistungsorientierte Organisationen. Diese Generation bringt eine neue Perspektive auf Feedbackprozesse mit, die nicht nur die Qualität der Kommunikation, sondern auch in diesem Bereich wie bereits in anderen Themen die gesamte Unternehmenskultur beeinflussen können. Gen-Z erwartet eine offene, transparente und unmittelbare Kommunikation, die es ihnen ermöglicht, sich aktiv in den Dialog einzubringen. Diese Anforderungen an die Feedbackkultur stellen eine Herausforderung für Unternehmen dar, die traditionellere Kommunikationsstrukturen etabliert haben.

Ein zentrales Element der Feedbackkultur ist die Regelmäßigkeit und Konsistenz von Rückmeldungen. Während ältere Generationen häufig an Quartals- oder Jahresleistungsbeurteilungen gewöhnt waren, bevorzugt Gen-Z kontinuierliches, konstruktives und zeitnahes Feedback. Dies fördert nicht nur das persönliche Wachstum, sondern auch die Anpassungsfähigkeit der Organisation. Meist muss das Annehmen von Feedback jedoch erst gelernt werden, da die daraus folgenden Schritte zur Umsetzung und Verbesserung oftmals nicht automatisch folgen. Unternehmen, die in der Lage sind, regelmäßige Feedbackschleifen zu etablieren, schaffen ein Umfeld, in dem Mitarbeitende sich wertgeschätzt fühlen und gleichzeitig ihre Fähigkeiten gezielt weiterentwickeln können.

Darüber hinaus ist es wichtig, dass die Kommunikation in beide Richtungen erfolgt. Gen-Z legt großen Wert auf eine partizipative Unternehmenskultur, in der ihre Meinungen und Ideen gehört und geschätzt werden. Dies erfordert ein Umdenken bei Führungskräften, die oft in hierarchischen Strukturen denken. Eine offene Kommunikation, die Raum für Fragen, Anregungen und Kritik schafft, trägt dazu bei, ein Gefühl der Zugehörigkeit zu fördern und die Motivation zu steigern. Wenn Mitarbeitende das Gefühl haben, dass ihre Sichtweisen ernst genommen werden, sind sie eher bereit, sich mit den Zielen des Unternehmens zu identifizieren.

Zudem spielt die digitale Kommunikation eine zentrale Rolle im Feedbackprozess. Gen-Z ist mit digitalen Technologien aufgewachsen und erwartet, dass diese auch im beruflichen Kontext genutzt werden, haben jedoch von der Anwendung der Technologien im Unternehmerischen Kontext meist wenig Kenntnis und wissen diese auch oftmals nicht effizient einzusetzen. Dies muss durch die Führungskräfte entsprechend vermittelt werden. Unternehmen sollten dafür unter anderem moderne Kommunikationsplattformen integrieren, die schnelle Rückmeldungen ermöglichen und eine unmittelbare Interaktion fördern. Tools wie Teams, Chat Communities oder Online-Umfragen können dazu beitragen, die Feedbackkultur zu modernisieren und die Kommunikation zu vereinfachen. Dies ermöglicht es, ein dynamisches Arbeitsumfeld zu schaffen, das den Bedürfnissen und Erwartungen der neuen Generation gerecht wird.

Abschließend lässt sich festhalten, dass eine effektive Feedbackkultur und offene Kommunikation nicht nur die Integration von Gen-Z in leistungsorientierte Organisationen erleichtern, sondern auch die gesamte Organisation stärken können. Unternehmen, die bereit sind, ihre Kommunikationsstrategien zu überdenken und anzupassen, werden in der Lage sein, die Talente von Gen-Z zu nutzen und sie als wertvolle Akteure in ihrem Unternehmen zu integrieren. Eine solche Investition in die Feedbackkultur ist nicht nur für die Mitarbeitenden von Bedeutung, sondern trägt auch zur langfristigen Wettbewerbsfähigkeit und Innovationskraft der Organisation bei.

Kapitel 6: Rekrutierung und Onboarding

Anpassung der Rekrutierungsstrategien

Die Anpassung der Rekrutierungsstrategien ist für Unternehmen, die die Generation Z integrieren möchten, von entscheidender Bedeutung. Diese Generation bringt nicht nur neue Erwartungen und Werte in den Arbeitsplatz, sondern auch ein verändertes Verständnis von Karriere und Erfolg. Unternehmen müssen ihre Rekrutierungsstrategien also dahingehend überdenken, wie der Prozess optimal gestaltet werden kann, um talentierte junge Fachkräfte zu gewinnen und langfristig an sich zu binden. Dies erfordert eine fundierte Analyse der spezifischen Bedürfnisse und Motivationen von Gen-Z und die Entwicklung von Strategien, die diese ansprechen.

Ein zentraler Aspekt der Anpassung der Rekrutierungsstrategien ist die Nutzung digitaler Plattformen und sozialer Medien. Gen-Z nutzt diese Technologien in der Freizeit und erwartet, dass Unternehmen moderne Kommunikationskanäle nutzen, um potenzielle Mitarbeiter anzusprechen. Die Rekrutierung über Plattformen wie LinkedIn, Instagram oder TikTok kann nicht nur die Sichtbarkeit der Stellenangebote erhöhen, sondern auch eine authentische und ansprechende Unternehmenspräsentation ermöglichen. Unternehmen sollten kreative Inhalte entwickeln, die die Unternehmenskultur und Werte widerspiegeln, um die Aufmerksamkeit dieser Generation zu gewinnen.

Darüber hinaus ist es wichtig, den Rekrutierungsprozess transparent und interaktiv zu gestalten. Die Generation Z schätzt Offenheit und Ehrlichkeit in der Kommunikation. Unternehmen sollten klare Informationen über den Bewerbungsprozess, die Erwartungen an die Bewerber und die Unternehmenskultur bereitstellen. Auch die Möglichkeit, mit aktuellen Mitarbeitern in Kontakt zu treten oder an virtuellen Jobmessen teilzunehmen, kann das Interesse potenzieller Kandidaten erhöhen und ihnen ein besseres Bild vom Unternehmen vermitteln.

Ein weiterer Erfolgsfaktor ist die Berücksichtigung von Vielfalt und Inklusion im Rekrutierungsprozess. Gen-Z legt großen Wert auf soziale Gerechtigkeit und Gleichheit. Unternehmen, die eine diverse und inklusive Kultur fördern, sind für diese Generation besonders attraktiv. Es ist entscheidend, dass die Rekrutierungsstrategien diese Werte widerspiegeln und sicherstellen, dass alle Bewerber unabhängig von Geschlecht, Herkunft oder sexueller Orientierung gleich behandelt werden. Dies kann durch gezielte Initiativen und Partnerschaften mit Organisationen, die sich für Vielfalt einsetzen, unterstützt werden.

Schließlich sollten Unternehmen die Bedeutung von Weiterentwicklung und Karrierechancen in ihren Rekrutierungsstrategien betonen. Gen-Z sucht nach Arbeitgebern, die nicht nur einen Job bieten, sondern auch Möglichkeiten zur persönlichen und beruflichen Entfaltung. Unternehmen könnten Mentoring-Programme, kontinuierliche Schulungen und Entwicklungsmöglichkeiten hervorheben, um ihre Attraktivität zu erhöhen. Indem sie zeigen, dass sie in das Wachstum ihrer Mitarbeiter investieren, können Unternehmen nicht nur die besten Talente gewinnen, sondern auch eine loyale und engagierte Belegschaft aufbauen.

Employer Branding für Gen-Z

Die Generation Z bringt frische Perspektiven und Erwartungen in die Arbeitswelt, die sich signifikant von vorhergehenden Generationen unterscheiden. Für Unternehmen ist es entscheidend, ein starkes Employer Branding zu entwickeln, das die Werte und Bedürfnisse dieser jungen Talente anspricht. Gen-Z legt großen Wert auf Authentizität und Transparenz, weshalb Arbeitgeber ihre Unternehmenskultur und -werte klar kommunizieren sollten. Das bedeutet, dass es nicht nur um das Angebot von attraktiven Gehältern und Benefits geht, sondern auch um eine klare Positionierung zu sozialen und ökologischen Themen.

Ein wichtiger Aspekt des Employer Brandings für Gen-Z ist die Integration von Technologie und digitalen Medien. Diese Generation ist mit dem Internet und sozialen Netzwerken aufgewachsen und nutzt diese Plattformen intensiv, um Informationen über potenzielle Arbeitgeber zu sammeln. Unternehmen sollten daher ihre Online-Präsenz strategisch gestalten und aktiv in sozialen Medien kommunizieren. Auch Plattformen wie Kununu sollten Arbeitgeber proaktiv nutzen. Authentische Einblicke in den Arbeitsalltag, Mitarbeitergeschichten und die Unternehmenskultur können dazu beitragen, das Interesse von Gen-Z zu wecken und eine emotionale Bindung aufzubauen.

Darüber hinaus ist es für Unternehmen entscheidend, den Fokus auf individuelle Entwicklungsmöglichkeiten zu legen. Gen-Z strebt nach persönlichem Wachstum und Karrierechancen, die über traditionelle Aufstiegsmöglichkeiten hinausgehen.

Arbeitgeber sollten Programme zur Weiterbildung und Entwicklung anbieten, die auf die Bedürfnisse und Interessen dieser Generation zugeschnitten sind. Dies kann durch Mentoring-Programme, flexible Arbeitsmodelle oder die Förderung von kreativen Projekten geschehen, die es den Mitarbeitern ermöglichen, ihre Fähigkeiten zu erweitern und ihre Ideen einzubringen.

Ein weiterer wichtiger Punkt ist die Förderung von Diversität und Inklusion. Gen-Z ist die vielfältigste Generation bisher und erwartet von Unternehmen, dass sie eine inklusive Kultur schaffen, die verschiedene Perspektiven und Hintergründe wertschätzt. Arbeitgeber sollten aktiv Maßnahmen ergreifen, um ein diverses Team zu fördern und eine Umgebung zu schaffen, in der sich alle Mitarbeiter wohlfühlen und ihre Stimme gehört wird. Dies kann nicht nur die Mitarbeiterzufriedenheit erhöhen, sondern auch die Innovationskraft des Unternehmens stärken.

Abschließend ist festzustellen, dass ein erfolgreiches Employer Branding für Gen-Z nicht nur eine Marketingstrategie ist, sondern eine grundlegende Unternehmensphilosophie widerspiegeln sollte. Die Schaffung eines positiven Arbeitsumfeldes, das auf Authentizität, individueller Entwicklung und Diversität basiert, wird nicht nur dazu beitragen, Talente zu gewinnen, sondern auch die Bindung und Motivation der Mitarbeiter langfristig zu sichern. Unternehmen, die diese Aspekte ernst nehmen, werden in der Lage sein, sich in einem zunehmend wettbewerbsintensiven Arbeitsmarkt zu behaupten und die Potenziale der Generation Z optimal zu nutzen.

Effektive Onboarding-Prozesse

Effektive Onboarding-Prozesse sind entscheidend, um die Integration von Gen-Z-Mitarbeitern in leistungsorientierte Organisationen zu gewährleisten. Diese Generation bringt nicht nur frische Perspektiven und innovative Ideen mit, sondern hat auch spezifische Erwartungen an den Arbeitsplatz. Ein gut gestalteter Onboarding-Prozess hilft, diese Erwartungen zu erfüllen und gleichzeitig die Mitarbeiterbindung zu stärken. Unternehmen sollten sich bewusst sein, dass der erste Eindruck entscheidend ist und dass eine positive Einführung in die Unternehmenskultur die Grundlage für langfristigen Erfolg bildet.

Ein zentraler Aspekt eines effektiven Onboarding-Prozesses ist die individuelle Anpassung. Gen-Z-Mitarbeiter schätzen personalisierte Ansätze, die auf ihre Stärken und Entwicklungsmöglichkeiten eingehen. Unternehmen sollten gezielte Schulungen und Mentoring-Programme anbieten, die den neuen Mitarbeitern nicht nur die notwendigen Fähigkeiten vermitteln, sondern auch ihre beruflichen Ziele unterstützen. Diese individuelle Förderung fördert nicht nur die Motivation, sondern auch das Zugehörigkeitsgefühl, was für die Leistungsfähigkeit der Mitarbeiter von großer Bedeutung ist.

Technologie spielt eine wesentliche Rolle im Onboarding-Prozess. Gen-Z ist mit digitalen Tools aufgewachsen und erwartet, wie bereits erwähnt, dass diese auch im Arbeitsumfeld eingesetzt werden. Meist können die aktuellen im Markt angebotenen Tools diese Wünsche bereits gut abdecken.

Unternehmen sollten diese Technologien nutzen, um den Onboarding-Prozess effizient für beide Seiten zu gestalten. Virtuelle Schulungen, digitale Handbücher und Online-Plattformen zur Vernetzung mit Kollegen sind nur einige Beispiele, wie Technologie genutzt werden kann, um die Integration zu erleichtern und den neuen Mitarbeitern einen schnellen Zugang zu Informationen zu ermöglichen.

Ein weiterer wichtiger Bestandteil eines erfolgreichen Onboardings ist die Förderung einer offenen Kommunikationskultur. Gen-Z legt wie bereits erwähnt großen Wert auf Transparenz und Feedback. Unternehmen sollten regelmäßige Check-ins und Feedback-Runden einführen, um den neuen Mitarbeitern Raum für Fragen und Anregungen zu bieten. Diese Dialoge stärken das Vertrauen zwischen Mitarbeitern und Vorgesetzten und tragen dazu bei, eine positive Arbeitsatmosphäre zu schaffen, in der sich jeder Mitarbeiter wertgeschätzt fühlt.

Abschließend ist es unerlässlich, den Onboarding-Prozess kontinuierlich zu evaluieren und anzupassen. Die Bedürfnisse von Gen-Z können sich im Laufe der Zeit ändern, und Unternehmen müssen flexibel bleiben, um diesen Veränderungen gerecht zu werden. Durch regelmäßige Umfragen und Feedback von neuen Mitarbeitern können Organisationen wertvolle Einblicke gewinnen, die zur Optimierung des Onboarding-Prozesses beitragen. Eine kontinuierliche Verbesserung sorgt nicht nur für eine bessere Integration neuer Mitarbeiter, sondern stärkt auch die gesamte Unternehmenskultur und fördert die Leistungsfähigkeit der Organisation.

Kapitel 7: Vielfalt und Inklusion

Die Rolle von Diversität in der Generation Z

Die Generation Z, geboren zwischen den späten 1990er und frühen 2010er Jahren, bringt eine neue Perspektive auf Diversität und Inklusion in die Arbeitswelt. Da diese Generation mit dem Internet und sozialen Medien aufgewachsen ist, wurde ihre Wahrnehmung von Diversität anders geprägt als die der vorherigen Generationen. Sie sehen Diversität nicht nur als einen Wert, sondern als eine Notwendigkeit für den Erfolg von Unternehmen. In einer globalisierten Welt, in der unterschiedliche Hintergründe und Erfahrungen aufeinandertreffen, ist es für Unternehmen entscheidend, diese Vielfalt zu nutzen, um Innovation und Kreativität zu fördern.

Ein zentrales Merkmal der Generation Z ist ihr starkes Engagement für soziale Gerechtigkeit. Diese Generation hat ein ausgeprägtes Bewusstsein für Themen wie Rassismus, Geschlechtergerechtigkeit und Umweltfragen. Sie erwarten von ihren Arbeitgebern, dass diese sich aktiv für Diversität und Inklusion einsetzen. Unternehmen, die diese Erwartungen erfüllen, können nicht nur die besten Talente gewinnen, sondern auch eine loyalere und engagiertere Belegschaft aufbauen. Ein solches Engagement fördert nicht nur das Unternehmensimage, sondern trägt auch zur Mitarbeiterzufriedenheit bei.

Die Diversität in der Generation Z zeigt sich nicht nur in Bezug auf ethnische Herkunft, Geschlecht oder sexuelle Orientierung, sondern auch in der Vielfalt der Denkweisen und Ansätze zur Problemlösung. Diese Generation bringt unterschiedliche Perspektiven und kreative Lösungen in die Unternehmen ein, die für die Bewältigung komplexer Herausforderungen unerlässlich sind. Teams, die aus einer heterogenen Gruppe von Mitarbeitenden bestehen, sind nachweislich innovativer und leistungsfähiger. Diversität fördert die kritische Auseinandersetzung mit Ideen und führt zu besseren Entscheidungen.

Für das Management und die HR-Abteilungen ist es wichtig, ein Umfeld zu schaffen, das Diversität wertschätzt und fördert. Dies umfasst die Implementierung von Schulungsprogrammen zur Sensibilisierung für Vorurteile, die Förderung von Mentoring-Programmen sowie die Schaffung von Netzwerken, die den Austausch zwischen verschiedenen Gruppen erleichtern. Ein solches Engagement zeigt nicht nur den Mitarbeitenden, dass ihre Stimmen gehört werden, sondern trägt auch dazu bei, ein inklusives Betriebsklima zu schaffen, in dem sich jeder Einzelne entfalten kann.

Zusammenfassend lässt sich sagen, dass Diversität eine wesentliche Rolle in der Generation Z spielt und Unternehmen, die diese Vielfalt aktiv integrieren, signifikante Wettbewerbsvorteile genießen. Die Herausforderungen, die mit Diversität einhergehen, bieten gleichzeitig Chancen für Wachstum und Innovation. Indem Unternehmen Diversität als strategischen Vorteil betrachten, können sie nicht nur die Zufriedenheit und das Engagement ihrer Mitarbeitenden erhöhen, sondern auch ihre Position im Markt stärken. Die Generation Z wird somit zu einem entscheidenden Faktor für die Zukunft leistungsorientierter Organisationen in Bezug auf Diversität und Inklusion.

Strategien zur Förderung von Inklusion

Inklusives Denken und Handeln sind essenzielle Bestandteile erfolgreicher Unternehmen, insbesondere im Hinblick auf die Integration der Generation Z in die Arbeitswelt. Diese Generation bringt nicht nur neue Perspektiven und Werte mit, sondern fordert auch eine Arbeitsumgebung, die Diversität und Gleichheit fördert. Unternehmen müssen Strategien entwickeln, die eine inklusive Kultur schaffen, um die Talente und Fähigkeiten der Gen-Z bestmöglich zu nutzen. Dies erfordert eine bewusste Auseinandersetzung mit den Bedürfnissen und Erwartungen dieser jungen Mitarbeitenden.

Eine der zentralen Strategien zur Förderung von Inklusion ist die Implementierung von Schulungsprogrammen, die sich auf Vielfalt und Sensibilisierung konzentrieren. Diese Programme sollten nicht nur auf Führungskräfte, sondern auf alle Mitarbeitenden abzielen, um ein gemeinsames Verständnis für die Bedeutung von Inklusion zu schaffen. Workshops, Seminare und interaktive Trainings können helfen, Vorurteile abzubauen und ein respektvolles Miteinander zu fördern. Durch die Stärkung des Bewusstseins für verschiedene kulturelle Hintergründe, Geschlechteridentitäten und Lebensstile wird eine Atmosphäre geschaffen, in der sich alle Mitarbeitenden wertgeschätzt fühlen.

Ein weiterer entscheidender Aspekt ist die Förderung einer offenen Kommunikation innerhalb des Unternehmens. Führungskräfte sollten ermutigt werden, einen Dialog über Inklusion zu führen und Feedback von Mitarbeitenden einzuholen. Regelmäßige Umfragen und Mitarbeitergespräche können wertvolle Einblicke in die Erfahrungen und Herausforderungen von Gen-Z-Mitarbeitenden bieten. Indem Unternehmen auf die Bedürfnisse ihrer Mitarbeitenden eingehen und deren Stimmen ernst nehmen, können sie nicht nur die Loyalität und Zufriedenheit erhöhen, sondern auch innovative Lösungen entwickeln, die die gesamte Organisation voranbringen.

Flexibilität bei der Gestaltung von Arbeitsplätzen und -zeiten ist ebenfalls eine Schlüsselstrategie zur Förderung von Inklusion. Die Generation Z schätzt individuelle Arbeitsmodelle, die ihren Lebensstil und ihre Bedürfnisse berücksichtigen. Unternehmen sollten - im Übrigen nicht nur aus Rücksicht auf die Bedürfnisse der Gen Z sondern generell mit Blick auf sich verändernde Anforderungen - hybride Arbeitsmodelle anbieten, die das Arbeiten im Büro mit Homeoffice ermöglichen. Zudem sollte die Gestaltung von Arbeitsplätzen so erfolgen, dass sie verschiedenen Arbeitsstilen gerecht wird und sowohl Rückzugsmöglichkeiten als auch kollaborative Bereiche bietet. Diese Flexibilität fördert nicht nur die Produktivität, sondern auch die Zufriedenheit der Mitarbeitenden.

Schließlich ist es wichtig, dass Unternehmen klare Ziele und Maßnahmen zur Förderung von Inklusion festlegen und regelmäßig deren Fortschritte evaluieren. Die Implementierung von Diversitäts- und Inklusionskennzahlen in die Unternehmensstrategie kann helfen, den Erfolg dieser Initiativen messbar zu machen. Durch transparente Berichterstattung und das Teilen von Best Practices können Unternehmen ein positives Vorbild für andere Organisationen sein und die gesellschaftliche Verantwortung wahrnehmen. In einer zunehmend diversifizierten Arbeitswelt ist die gezielte Förderung von Inklusion nicht nur eine moralische Verpflichtung, sondern auch ein entscheidender Wettbewerbsfaktor.

Der Einfluss auf Teamdynamik und Leistung

Die Rolle von Gen-Z in leistungsorientierten Organisationen hat einen signifikanten Einfluss auf die Teamdynamik und die Gesamtleistung. Diese Generation bringt eine Vielzahl von Eigenschaften mit, die nicht nur die Art und Weise verändern, wie Teams interagieren, sondern auch, wie Leistung gemessen und gefördert wird. Gen-Z ist bekannt für ihre digitale Affinität, ihr Streben nach Transparenz und ihre Erwartung an eine inklusive Unternehmenskultur. Diese Merkmale fördern eine offene Kommunikation und Zusammenarbeit, die für leistungsorientierte Organisationen von entscheidender Bedeutung sind, sie bedürfen jedoch auch einer konsequenten Einhaltung von Regeln und Strukturen, um dem Leistungsanspruch des Unternehmens gerecht zu werden.

Ein zentraler Aspekt der Teamdynamik ist die Art und Weise, wie Gen-Z Mitglieder in Entscheidungsprozesse einbezieht. Durch ihre Fähigkeit, digitale Technologien effektiv zu nutzen, können sie Informationen schnell sammeln und analysieren, was zu fundierteren Entscheidungen führt. Diese Generation legt Wert auf Mitbestimmung und möchte aktiv zur Gestaltung des Unternehmens beitragen. Dies kann die Motivation und das Engagement der Teammitglieder steigern, da jeder die Möglichkeit hat, seine Ideen und Perspektiven einzubringen. Ein solches Umfeld fördert nicht nur die Kreativität, sondern kann auch die Effizienz und Innovationskraft des gesamten Teams erhöhen, wenn Meetings und Feedbackrunden entsprechend geführt und professionell aufgearbeitet werden.

Die Diversität, die Gen-Z in die Organisationen bringt, trägt ebenfalls zur Veränderung, und bei entsprechender Umsetzung im Unternehmen auch Verbesserung der Teamdynamik bei. Diese Generation ist aufgewachsen in einer multikulturellen Welt und bringt unterschiedliche Perspektiven und Erfahrungen mit. Dies führt zu einem breiteren Spektrum an Ideen und Lösungsansätzen, die die Teamleistung steigern können. Teams, die Vielfalt aktiv nutzen, sind oft kreativer und agiler und können sich besser an veränderte Marktbedingungen anpassen. Unternehmen, die diese Vielfalt anerkennen und fördern, sind in der Lage, Wettbewerbsvorteile zu erzielen und ihre Position im Markt zu stärken.

Ein weiterer wichtiger Faktor ist die Erwartung von Gen-Z an kontinuierliches Feedback. Da diese Generation regelmäßige Rückmeldungen über ihre Leistung und Entwicklung schätzt, jedoch je nach Herkunft und Hintergrund dieses entsprechend angepasst gegeben werden sollte, muss die Teamdynamik im Blick gehalten werden. Wird dies in Betracht gezogen, schafft das eine Kultur des Lernens und der ständigen Verbesserung innerhalb der Teams. Führungskräfte sind gefordert, eine Feedback-Kultur zu etablieren, die es den Mitarbeitern ermöglicht, ihre Fähigkeiten weiterzuentwickeln. Diese proaktive Herangehensweise kann die individuelle und kollektive Leistung steigern und führt zu einer höheren Zufriedenheit am Arbeitsplatz, was wiederum die Bindung an das Unternehmen stärkt.

Zusammenfassend lässt sich sagen, dass der Einfluss von Gen-Z auf die Teamdynamik und Leistung in leistungsorientierten Organisationen nicht zu unterschätzen ist, sofern die Integration der Generation den Ansprüchen aller Parteien entsprechend angegangen wird. Ihre Eigenschaften und Werte fördern eine inklusivere, transparentere und dynamischere Arbeitsumgebung. Unternehmen, die diese Veränderungen aktiv annehmen und in ihre Strategien integrieren, werden in der Lage sein, die Potenziale dieser Generation zu nutzen und ihre Teams optimal zu unterstützen. Der Schlüssel liegt darin, eine Kultur zu schaffen, die die Stärken von Gen-Z wertschätzt, für die Organisation nutzt und gleichzeitig die gesamte Organisation voranbringt.

Kapitel 8: Fallstudien erfolgreicher Unternehmen
Best Practices in der Zusammenarbeit mit Gen-Z

In den vorherigen Kapiteln wurden die einzelnen Punkte bereits beleuchtet, denn die Zusammenarbeit mit der Generation Z stellt Unternehmen vor neue Herausforderungen und Chancen. Um die Potenziale dieser jungen Talente optimal zu nutzen, sollten Führungs- und HR-Teams einige bewährte Praktiken in ihre Strategien integrieren, wie bereits in den vorherigen Kapiteln beleuchtet. Im Folgenden wird das wesentliche nochmals knapp zusammengefasst:

Eine der grundlegendsten Praktiken ist die Förderung von Transparenz und offener Kommunikation. Gen-Z legt großen Wert auf authentische Informationen und erwartet, in Entscheidungsprozesse einbezogen zu werden. Unternehmen sollten daher regelmäßige Meetings und Feedback-Runden etablieren, um den Dialog zwischen Mitarbeitenden und Führungsebene zu stärken.

Ein weiterer wichtiger Aspekt ist die Möglichkeit zur flexiblen Arbeitsgestaltung. Die Generation Z hat eine klare Vorstellung von Work-Life-Harmony und wünscht sich oft hybride Arbeitsmodelle. Unternehmen sollten daher flexible Arbeitszeiten und Homeoffice-Optionen anbieten, um den unterschiedlichen Bedürfnissen dieser Generation gerecht zu werden. Dies kann nicht nur die Zufriedenheit steigern, sondern auch die Produktivität und Innovationskraft im Unternehmen fördern.

Zusätzlich ist es entscheidend, eine inklusive Unternehmenskultur zu schaffen, die Vielfalt und Gleichberechtigung fördert. Gen-Z ist eine Generation, die soziale Gerechtigkeit und Nachhaltigkeit hoch schätzt. Unternehmen sollten Initiativen entwickeln, die sich für Diversität und Chancengleichheit einsetzen, um das Vertrauen und die Loyalität ihrer jungen Mitarbeitenden zu gewinnen. Schulungen und Workshops zur Sensibilisierung für diese Themen können einen positiven Einfluss auf das Betriebsklima haben.

Die Entwicklung von Karriere- und Weiterbildungsmöglichkeiten ist ein weiterer Schlüsselfaktor. Gen-Z ist bestrebt, sich kontinuierlich weiterzuentwickeln und neue Fähigkeiten zu erwerben. Unternehmen sollten individuelle Entwicklungspläne anbieten, die auf die Interessen und Stärken ihrer Mitarbeitenden abgestimmt sind. Mentoring-Programme und regelmäßige Schulungen können nicht nur die Bindung an das Unternehmen stärken, sondern auch das Fachwissen und die Innovationskraft der Belegschaft erhöhen.

Schließlich spielt die Anerkennung von Leistungen eine zentrale Rolle in der Zusammenarbeit. Diese Generation sucht nicht nur nach finanzieller Entlohnung, sondern auch nach Wertschätzung und Anerkennung ihrer Beiträge. Unternehmen sollten transparente Belohnungssysteme implementieren und regelmäßig Feedback geben, um die Motivation und Zufriedenheit ihrer jungen Talente zu fördern. Indem sie die Erfolge ihrer Mitarbeitenden sichtbar machen, können Organisationen ein positives Arbeitsumfeld schaffen, in dem Gen-Z sich entfalten kann.

Unternehmen, die Gen-Z erfolgreich integrieren
Integration der Generation Z bei Tech Innovators GmbH

Die Tech Innovators GmbH, ein führendes Technologieunternehmen, hat sich das Ziel gesetzt, die Generation Z erfolgreich in ihre leistungsorientierte Unternehmenskultur zu integrieren. Das Unternehmen erkannte frühzeitig, dass die jüngste Generation von Arbeitnehmern andere Erwartungen und Bedürfnisse hat als ihre Vorgänger. Um diesen Anforderungen gerecht zu werden, entwickelte Tech Innovators eine umfassende Strategie. Herausforderungen und Strategien Zu Beginn stand Tech Innovators vor der Herausforderung, die Arbeitsweise und die Werte der Generation Z zu verstehen. Diese Generation legt bekannterweise großen Wert auf Work-Life-Harmony, Sinnhaftigkeit der Arbeit und eine transparente Kommunikation. Um diesen Bedürfnissen gerecht zu werden, führte das Unternehmen flexible Arbeitszeiten und die Möglichkeit zum Homeoffice ein. Zudem wurden regelmäßige Feedbackgespräche und Mentoring-Programme etabliert, um eine offene und unterstützende Kommunikationskultur zu fördern.

Ein zentrales Element der Integration war die Einführung von Projektteams, die aus Mitarbeitern verschiedener Generationen bestanden. Diese Teams arbeiteten an innovativen Projekten und nutzten dabei agile Methoden, um die Zusammenarbeit und Kreativität zu fördern. Die Generation Z brachte frische Ideen und neue Perspektiven ein, während erfahrene Mitarbeiter ihr Wissen und ihre Erfahrung teilten.

Darüber hinaus investierte Tech Innovators in moderne Technologien und Arbeitsumgebungen, die den digitalen Erwartungen der Generation Z entsprechen. Dies umfasste die Bereitstellung von state-of-the-art Arbeitsplätzen, die Nutzung von Kollaborationstools und die Förderung einer digitalen Unternehmenskultur.

Die Integration der Generation Z bei Tech Innovators war ein großer Erfolg. Die jungen Mitarbeiter fühlten sich wertgeschätzt und motiviert, was sich in einer höheren Produktivität und Innovationskraft widerspiegelte. Die Zusammenarbeit zwischen den Generationen führte zu einer stärkeren Teamdynamik und einer verbesserten Problemlösungsfähigkeit. Zudem konnte das Unternehmen durch die Anpassung an die Bedürfnisse der Generation Z seine Attraktivität als Arbeitgeber steigern und talentierte Nachwuchskräfte gewinnen.

Die Fallstudie von Tech Innovators GmbH zeigt, dass die erfolgreiche Integration der Generation Z in ein leistungsorientiertes Unternehmen möglich ist, wenn deren spezifische Bedürfnisse und Erwartungen berücksichtigt werden. Durch flexible Arbeitsmodelle, eine offene Kommunikationskultur und die Nutzung moderner Technologien konnte das Unternehmen nicht nur die Zufriedenheit und Motivation der jungen Mitarbeiter steigern, sondern auch seine Innovationskraft und Wettbewerbsfähigkeit nachhaltig verbessern

Unternehmen, die Gen-Z erfolgreich integrieren
Integration der Generation Z bei Google

Google, eines der weltweit führenden Technologieunternehmen, hat erfolgreich die Generation Z in seine leistungsorientierte Unternehmenskultur integriert. Google erkannte frühzeitig, dass die jüngste Generation von Arbeitnehmern andere Erwartungen und Bedürfnisse hat als ihre Vorgänger. Um diesen Anforderungen gerecht zu werden, entwickelte Google eine umfassende Strategie.

Zu Beginn stand Google vor der Herausforderung, die Arbeitsweise und die Werte der Generation Z zu verstehen. Diese Generation legt großen Wert auf Work-Life-Balance, Sinnhaftigkeit der Arbeit und eine transparente Kommunikation. Um diesen Bedürfnissen gerecht zu werden, führte Google flexible Arbeitszeiten und die Möglichkeit zum Homeoffice ein. Zudem wurden regelmäßige Feedbackgespräche und Mentoring-Programme etabliert, um eine offene und unterstützende Kommunikationskultur zu fördern.

Ein zentrales Element der Integration war die Einführung von Projektteams, die aus Mitarbeitern verschiedener Generationen bestanden. Diese Teams arbeiteten an innovativen Projekten und nutzten dabei agile Methoden, um die Zusammenarbeit und Kreativität zu fördern. Die Generation Z brachte frische Ideen und neue Perspektiven ein, während erfahrene Mitarbeiter ihr Wissen und ihre Erfahrung teilten.

Darüber hinaus investierte Google in moderne Technologien und Arbeitsumgebungen, die den digitalen Erwartungen der Generation Z entsprechen. Dies umfasste die Bereitstellung von state-of-the-art Arbeitsplätzen, die Nutzung von Kollaborationstools und die Förderung einer digitalen Unternehmenskultur.

Die Integration der Generation Z war auch bei Google sehr erfolgreich. Ebenso wie in der vorherigen Fallstudie fühlten sich auch hier die jungen Mitarbeiter wesentlich mehr wertgeschätzt und motiviert. Ebenso steigerte sich die Produktivität und die Innovationskraft des Unternehmens.

Die Zusammenarbeit zwischen den Generationen führte zu einer stärkeren Teamdynamik und einer verbesserten Problemlösungsfähigkeit. Zudem konnte das Unternehmen durch die Anpassung an die Bedürfnisse der Generation Z seine Attraktivität als Arbeitgeber steigern und talentierte Nachwuchskräfte gewinnen.

Lehren aus den Fallstudien

Die Analyse von Fallstudien, die sich mit der Integration der Generation Z in leistungsorientierte Organisationen befassen, bietet wertvolle Erkenntnisse für das Management und die Personalabteilungen. Diese Fallstudien zeigen nicht nur die Herausforderungen auf, mit denen Unternehmen konfrontiert sind, sondern auch die Strategien, die erfolgreich zur Bindung und Motivation von Gen-Z-Mitarbeitern beitragen. Ein zentrales Lehrstück ist die Notwendigkeit, eine Unternehmenskultur zu schaffen, die Wertschätzung, Transparenz und Innovation fördert. Diese kulturellen Elemente sind entscheidend, um das Engagement und die Leistung dieser Generation zu steigern.

Ein weiteres wichtiges Ergebnis aus den Fallstudien ist der Einfluss von flexiblen Arbeitsmodellen. Gen-Z-Mitarbeiter strebten wie vorhergesagt nach Work-Life-Harmony und einer hohen Flexibilität in der Gestaltung ihrer Arbeitszeiten.

Unternehmen, die diese Bedürfnisse erkennen und entsprechende Maßnahmen ergreifen, berichten von einer signifikanten Steigerung der Mitarbeiterzufriedenheit und -produktivität. Flexibles Arbeiten, sei es durch Homeoffice oder flexible Arbeitszeiten, hat sich als ein Schlüsselelement herausgestellt, um die Talente dieser Generation zu gewinnen und zu halten.

Darüber hinaus sind die Fallstudien eindeutig in ihrer Aussage zur Bedeutung von kontinuierlichem Lernen und Entwicklung. Gen Z legt großen Wert auf persönliche und berufliche Weiterentwicklung. Unternehmen, die kontinuierliche Schulungs- und Entwicklungsprogramme anbieten, haben im Vergleich zu ihren Mitbewerbern einen klaren Vorteil. Die Implementierung von Mentorship-Programmen und regelmäßigen Feedbackgesprächen wird als effektive Methode angesehen, um das Wachstum und die Bindung der Gen-Z-Mitarbeiter zu fördern.

Die Analyse zeigt auch, dass Gen-Z-Mitarbeiter eine ausgeprägte soziale Verantwortung und ethische Standards erwarten. Unternehmen, die sich aktiv für soziale und ökologische Belange einsetzen, können nicht nur das Interesse dieser Generation wecken, sondern auch deren Loyalität und Engagement langfristig sichern. Die Integration von Corporate Social Responsibility (CSR) in die Unternehmensstrategie erweist sich als wesentlicher Faktor, um das Vertrauen der Gen-Z-Mitarbeiter zu gewinnen und eine positive Arbeitgebermarke zu etablieren.

Schließlich verdeutlichen die Fallstudien, dass die Kommunikation eine Schlüsselrolle spielt. Gen Z schätzt offene und ehrliche Kommunikation sowohl von Vorgesetzten als auch innerhalb des Teams. Unternehmen, die transparente Kommunikationskanäle schaffen und die Meinungen ihrer Mitarbeiter ernst nehmen, fördern ein Umfeld, in dem sich Gen-Z-Mitarbeiter sicher fühlen und ihre Ideen einbringen können. Die Schaffung solcher Kommunikationsstrukturen ist entscheidend, um die Potenziale dieser Generation vollständig auszuschöpfen und eine leistungsorientierte Organisation zu entwickeln.

Kapitel 9: Ausblick und Zukunftsperspektiven
Die zukünftige Rolle von Gen-Z in Unternehmen

Die zukünftige Rolle von Gen-Z in Unternehmen wird entscheidend sein, um die Leistungsfähigkeit und Innovationskraft moderner Organisationen zu sichern. Diese Generation, geboren zwischen 1997 und 2012, bringt nicht nur frische Perspektiven in die Arbeitswelt, sondern auch eine Vielzahl von Fähigkeiten und Erwartungen, die sich stark von den vorhergehenden Generationen unterscheiden. Gen-Z wird zunehmend zum Treiber für Veränderungen in der Unternehmenskultur und der Arbeitsweise, was eine Anpassung der Managementstrategien erfordert.

Eine der markantesten Eigenschaften von Gen-Z ist ihr ausgeprägtes Bewusstsein für soziale und ökologische Themen. Diese Generation erwartet von Unternehmen nicht nur wirtschaftlichen Erfolg, sondern auch ein Engagement für Nachhaltigkeit und soziale Verantwortung. Unternehmen, die diese Werte in ihre Geschäftsstrategien integrieren, werden in der Lage sein, talentierte junge Fachkräfte zu gewinnen und langfristig zu binden. Gen-Z wird somit nicht nur als Mitarbeiter, sondern auch als Botschafter für ethische Unternehmenspraktiken fungieren.

Darüber hinaus werden auch im Unternehmen diese Anforderungen größer in den kommenden Jahren durch die Einführung von Nachhaltigkeitsreportings und klaren Messgrößen in diesem Bereich. Durch die Generation Z kann dieses Thema im Unternehmen einfacher abgebildet werden.

Zudem ist Gen-Z mit digitalen Technologien aufgewachsen und verfügt über umfassende digitale Kompetenzen. Diese Generation wird den Trend zur Digitalisierung in Unternehmen weiter vorantreiben und innovative Lösungen zur Effizienzsteigerung und Produktivitätsverbesserung entwickeln. Die Fähigkeit, mit modernen Technologien schnell und ohne Berührungsängste umzugehen und neue digitale Werkzeuge zu nutzen, wird Gen-Z zu wertvollen Akteuren in der Schaffung agiler und anpassungsfähiger Organisationen machen. Unternehmen müssen diese Fähigkeiten erkennen und gezielt fördern, um das volle Potenzial dieser Generation auszuschöpfen.

Die Kommunikationsweise von Gen-Z unterscheidet sich ebenfalls erheblich von der älterer Generationen. Diese Generation bevorzugt eine offene und transparente Kommunikation und ist an flachen Hierarchien interessiert. Unternehmen, die eine Kultur der Offenheit und des Austauschs fördern, werden nicht nur das Engagement und die Zufriedenheit ihrer Mitarbeiter steigern, sondern auch die Innovationskraft ihres Teams stärken. Gen-Z wird in der Lage sein, Kreativität und frische Ideen einzubringen, die für den Unternehmenserfolg von entscheidender Bedeutung sind.

Schließlich wird die Rolle von Gen-Z in Unternehmen auch durch ihre Erwartungen an Work-Life-Harmony und flexible Arbeitsmodelle geprägt. Diese Generation legt großen Wert auf persönliche Entwicklung und Wohlbefinden. Unternehmen, die flexible Arbeitszeiten, Homeoffice-Optionen und Weiterbildungsmöglichkeiten bieten, werden in der Lage sein, die besten Talente zu gewinnen und zu halten. Gen-Z wird somit nicht nur die Arbeitsweise in Unternehmen verändern, sondern auch den Fokus auf das individuelle Wohl der Mitarbeiter legen, was zu einer insgesamt leistungsfähigeren Organisation führen kann.

Handlungsempfehlungen für Führungskräfte

Um die Herausforderungen und Chancen, die die Generation Z für leistungsorientierte Organisationen mit sich bringt, optimal zu nutzen, ist es für Führungskräfte unerlässlich, geeignete Handlungsempfehlungen zu entwickeln. Diese Empfehlungen sollten darauf abzielen, eine inklusive Unternehmenskultur zu fördern, die die spezifischen Bedürfnisse und Werte von Gen-Z-Mitgliedern berücksichtigt. Eine offene Kommunikation ist dabei von zentraler Bedeutung. Führungskräfte sollten regelmäßig Feedbackgespräche durchführen und sicherstellen, dass alle Mitarbeiter, insbesondere jüngere Generationen, ihre Meinungen und Ideen einbringen können. Dies stärkt nicht nur das Zugehörigkeitsgefühl, sondern fördert auch Innovation und Kreativität. Führungskräfte stehen jedoch vor der Herausforderung, dass gerade die Generation Z als Berufseinsteiger meist keinerlei Erfahrung im Arbeitsumfeld haben und somit an die Themen herangeführt werden müssen, ohne direkt überfordert zu werden.

Zudem sollten Führungskräfte flexible Arbeitsmodelle in Betracht ziehen, um den unterschiedlichen Lebensstilen und Erwartungen der Generation Z gerecht zu werden. Homeoffice, hybride Arbeitsformen und flexible Arbeitszeiten sind nicht nur attraktive Angebote, sondern erhöhen auch die Mitarbeiterzufriedenheit und die Produktivität. Studien zeigen, dass Gen-Z-Mitarbeiter eine bessere Work-Life-Harmony anstreben und bereit sind, Unternehmen zu verlassen, die dies nicht unterstützen. Indem Führungskräfte diese Aspekte priorisieren, können sie talentierte junge Mitarbeiter langfristig im Unternehmen halten.

Ein weiterer wichtiger Punkt ist die Förderung von Diversität und Inklusion. Die Generation Z legt großen Wert auf soziale Gerechtigkeit und Gleichstellung. Führungskräfte sollten daher aktiv Maßnahmen ergreifen, um eine vielfältige Belegschaft zu schaffen und Chancengleichheit zu gewährleisten. Dies kann durch gezielte Rekrutierungsstrategien, Schulungsprogramme zur Sensibilisierung für Vielfalt oder die Schaffung von Netzwerken für unterrepräsentierte Gruppen innerhalb des Unternehmens erreicht werden. Eine solche Unternehmenskultur steigert nicht nur die Mitarbeiterbindung, sondern auch das Unternehmensimage nach außen. Für viele Führungskräfte vor allem der älteren Generation ist dieses Thema nicht einfach, da es sich gegen die bisherige Art zu arbeiten stellt und in vielen Unternehmen eine große Umstellung bedeutet. Gerade im Mittelstand kann eine Schritt für Schritt Anpassung sinnvoll sein, um alle Generationen auf dem Weg einzubinden.

Darüber hinaus sollten Führungskräfte die individuelle Entwicklung ihrer Mitarbeiter unterstützen. Gen-Z ist eine lernorientierte Generation, die Wert auf persönliche und berufliche Weiterbildung legt. Durch die Bereitstellung von Schulungen, Mentoring-Programmen und Entwicklungsmöglichkeiten können Unternehmen das Engagement und die Loyalität ihrer jüngeren Mitarbeiter erhöhen. Es ist entscheidend, dass Führungskräfte diese Angebote aktiv kommunizieren und Mitarbeiter ermutigen, an Weiterbildungsmaßnahmen teilzunehmen.

Schließlich sollten Unternehmen die digitale Transformation vorantreiben, um den Erwartungen der Generation Z gerecht zu werden. Diese Generation ist mit Technologie aufgewachsen und erwartet, dass Unternehmen moderne Tools und Plattformen nutzen, um die Zusammenarbeit und Kommunikation zu erleichtern. Führungskräfte sollten daher in digitale Lösungen investieren und sicherstellen, dass alle Mitarbeiter die erforderlichen Schulungen erhalten, um diese Technologien effektiv nutzen zu können. Eine technologische Infrastruktur, die Innovation und Effizienz fördert, ist ein entscheidender Faktor für die Wettbewerbsfähigkeit in der Zukunft.

Kapitel 10: Fazit

Zusammenfassung der Erkenntnisse

Die Generation Z, geboren zwischen Mitte der 1990er und frühen 2010er Jahren, bringt eine Vielzahl von neuen Perspektiven und Verhaltensweisen in die Unternehmenslandschaft. Diese Generation ist geprägt von digitalen Technologien, sozialer Verantwortung und einer starken Wunsch nach Authentizität. In leistungsorientierten Organisationen kann die Integration dieser Werte entscheidend für den Unternehmenserfolg sein. Die Erkenntnisse zeigen, dass Gen-Z nicht nur die Art und Weise, wie Unternehmen geführt werden, beeinflusst, sondern auch die Erwartungen an die Arbeitskultur und die zwischenmenschlichen Beziehungen am Arbeitsplatz neu definiert.

Ein zentrales Ergebnis dieser Untersuchung ist die Bedeutung von flexiblen Arbeitsmodellen. Gen-Z schätzt die Möglichkeit, ihre Arbeitszeit und -orte selbst zu wählen, was zu einer höheren Motivation und Produktivität führen kann. Unternehmen müssen diese Flexibilität bieten, um talentierte junge Mitarbeiter zu gewinnen und zu halten. Gleichzeitig zeigt sich, dass eine klare Kommunikation und transparente Führungsstrukturen für diese Generation essenziell sind, um ein Gefühl von Zugehörigkeit und Engagement zu fördern, wobei dies erst erlernt werden muss. Ein Unternehmen sollte sich nicht darauf verlassen, dass diese Kompetenzen bei der Generation Z bereits vollumfänglich ausgebildet sind.

Darüber hinaus hat sich herausgestellt, dass soziale Verantwortung und Nachhaltigkeit für Gen-Z von großer Bedeutung sind. Diese Generation erwartet von Unternehmen, dass sie nicht nur wirtschaftlichen Erfolg anstreben, sondern auch aktiv zur Lösung gesellschaftlicher Herausforderungen beitragen. Unternehmen, die soziale Initiativen unterstützen und nachhaltige Praktiken implementieren, können das Vertrauen und die Loyalität junger Mitarbeiter gewinnen. Dies führt nicht nur zu einer positiven Unternehmenskultur, sondern auch zu einem besseren Image in der Öffentlichkeit.

Ein weiterer wichtiger Aspekt ist die Bedeutung von Lernen und Entwicklung. Gen-Z ist lernbegierig und erwartet, dass Unternehmen kontinuierliche Weiterbildung und Karriereentwicklung fördern. Organisationen, die in Programme investieren, die persönliches und berufliches Wachstum unterstützen, werden in der Lage sein, die Talente dieser Generation zu entfalten und langfristig zu binden. Die Förderung einer lernenden Organisation wird somit zu einem entscheidenden Faktor für den Wettbewerbsvorteil in der Zukunft.

Zusammenfassend lässt sich sagen, dass die Rolle der Generation Z in leistungsorientierten Organisationen nicht unterschätzt werden darf. Die Erkenntnisse verdeutlichen, dass Unternehmen, die die Werte und Erwartungen dieser Generation ernst nehmen, nicht nur ihre Attraktivität als Arbeitgeber steigern, sondern auch ihre Innovationskraft und Wettbewerbsfähigkeit langfristig sichern können. Eine proaktive Anpassung an die Bedürfnisse von Gen-Z ist entscheidend für den nachhaltigen Erfolg in einer sich schnell verändernden Arbeitswelt.

Die Bedeutung einer generationenübergreifenden Zusammenarbeit

In der heutigen Arbeitswelt ist die generationenübergreifende Zusammenarbeit von entscheidender Bedeutung für den Erfolg leistungsorientierter Organisationen. Angesichts der vielfältigen Altersgruppen, die im Unternehmen zusammenarbeiten, ist es unerlässlich, die Stärken und Perspektiven der verschiedenen Generationen zu erkennen und zu nutzen. Gen-Z bringt frische Ideen, technologische Affinität und eine starke Werteorientierung mit, während ältere Generationen über umfassende Erfahrungen und Fachwissen verfügen und die Resilienz mitbringen, die der jungen Generation oft fehlt. Diese Diversität kann als wertvolle Ressource betrachtet werden, die Innovation und Kreativität fördert.

Eine generationenübergreifende Zusammenarbeit fördert nicht nur den Wissensaustausch, sondern stärkt auch das Teambuilding und die Kommunikation innerhalb der Organisation. Jüngere Mitarbeiter können von den Erfahrungen ihrer älteren Kollegen lernen, während diese wiederum von den neuen Ansätzen und Technologien der jüngeren Generation profitieren. Solche Synergien können zu einem dynamischeren Arbeitsumfeld führen, in dem neue Ideen schneller umgesetzt werden und Probleme effizienter gelöst werden. Dies ist besonders relevant in einer Zeit, in der Unternehmen ständig gefordert sind, sich an veränderte Marktbedingungen anzupassen.

Die Förderung einer generationenübergreifenden Zusammenarbeit erfordert jedoch auch ein Umdenken in der Unternehmenskultur. Führungskräfte müssen eine Umgebung schaffen, die Vielfalt wertschätzt und den Dialog zwischen den Generationen fördert. Hierbei spielen Mentorship-Programme eine zentrale Rolle, die es ermöglichen, Wissen und Erfahrungen strukturiert weiterzugeben. Solche Programme können nicht nur die persönliche Entwicklung der Mitarbeiter unterstützen, sondern auch das Zugehörigkeitsgefühl und die Identifikation mit der Organisation stärken. Gerade Reverse Mentoring bietet eine gute Chance, auch ältere Mitarbeiter, die über einen enormen Wissensschatz verfügen, auch langfristig gemeinsam mit der Generation Z zu halten.

Ein weiterer Aspekt ist die Anpassung der Arbeitsbedingungen an die Bedürfnisse aller Generationen. Flexible Arbeitsmodelle, die sowohl den Wünschen der Gen-Z nach Work-Life-Balance als auch den Bedürfnissen älterer Mitarbeiter gerecht werden, sind entscheidend. Durch die Schaffung eines inklusiven Arbeitsumfeldes können Unternehmen sicherstellen, dass alle Mitarbeiter, unabhängig von ihrem Alter, sich wertgeschätzt fühlen und ihr volles Potenzial entfalten können. Dies führt zu einer höheren Mitarbeiterzufriedenheit und letztlich zu einer besseren Leistung der gesamten Organisation.

Zusammenfassend lässt sich sagen, dass die generationenübergreifende Zusammenarbeit eine Schlüsselstrategie für leistungsorientierte Unternehmen darstellt. Sie ermöglicht es, die Stärken aller Mitarbeiter zu nutzen und gleichzeitig eine positive Unternehmenskultur zu fördern. Indem Unternehmen in die Entwicklung solcher Konzepte investieren, positionieren sie sich nicht nur als attraktive Arbeitgeber, sondern sichern sich auch ihre Wettbewerbsfähigkeit in einem sich ständig verändernden Markt. Die Einbindung der Gen-Z und die Wertschätzung der älteren Generationen sind dabei zentrale Elemente, die den Weg in eine erfolgreiche Zukunft ebnen.

Abschließende Gedanken zur Zukunft der Arbeit

Die Zukunft der Arbeit in leistungsorientierten Unternehmen wird stark von der Zusammenarbeit und dem Zusammenspiel verschiedener Generationen geprägt sein. In einer zunehmend globalisierten und digitalisierten Welt müssen Unternehmen die unterschiedlichen Stärken und Perspektiven von Baby Boomern, Generation X, Millennials und der Generation Z nutzen, um wettbewerbsfähig zu bleiben und Innovationen voranzutreiben.

Dennoch wird die Zukunft der Arbeit maßgeblich von der Generation Z geprägt, die zunehmend in die Belegschaften leistungsorientierter Organisationen eintritt. Diese Generation bringt frische Perspektiven, innovative Ideen und ein starkes Bewusstsein für soziale und ökologische Verantwortung mit. Unternehmen, die es verstehen, diese Werte in ihre Unternehmenskultur zu integrieren, werden nicht nur die besten Talente anziehen, sondern auch eine höhere Mitarbeiterbindung erreichen.

Eine der größten Herausforderungen wird es sein, eine Arbeitsumgebung zu schaffen, die die Bedürfnisse und Erwartungen aller Generationen berücksichtigt. Während ältere Generationen möglicherweise mehr Wert auf Stabilität und traditionelle Arbeitsstrukturen legen, bevorzugen jüngere Generationen flexible Arbeitsmodelle, eine sinnstiftende Tätigkeit und eine offene Kommunikationskultur. Leistungsorientierte Unternehmen müssen daher eine Balance finden, die sowohl die Erfahrung und das Wissen der älteren Mitarbeiter als auch die Kreativität und den Innovationsdrang der jüngeren Mitarbeiter fördert.

Technologie wird eine zentrale Rolle dabei spielen, diese Generationen zu verbinden und die Zusammenarbeit zu erleichtern. Moderne Kollaborationstools und digitale Plattformen ermöglichen es, Wissen und Ideen effizient zu teilen und gemeinsam an Projekten zu arbeiten, unabhängig von geografischen Grenzen.

Gleichzeitig müssen Unternehmen in die kontinuierliche Weiterbildung und Entwicklung ihrer Mitarbeiter investieren, um sicherzustellen, dass alle Generationen mit den neuesten Technologien und Arbeitsmethoden vertraut sind. Ein weiterer wichtiger Aspekt wird die Förderung einer inklusiven und wertschätzenden Unternehmenskultur sein. Unternehmen, die Diversität und Inklusion aktiv fördern, schaffen ein Umfeld, in dem sich alle Mitarbeiter respektiert und gehört fühlen. Dies trägt nicht nur zur Mitarbeiterzufriedenheit bei, sondern steigert auch die Innovationskraft und Wettbewerbsfähigkeit des Unternehmens.

Es ist entscheidend, dass Führungskräfte und HR-Profis die Bedürfnisse und Erwartungen der Gen-Z ernst nehmen und Strategien entwickeln, um ein inspirierendes Arbeitsumfeld zu schaffen, dabei aber nicht die anderen Generationen aus dem Auge verlieren, die bisher noch den Großteil der Arbeitnehmer stellen, sowie die Ziele des Unternehmens, gerade wenn es sich um leistungsorientierte Unternehmen handelt.

Insgesamt wird die Zukunft der Arbeit in leistungsorientierten Unternehmen von der Fähigkeit abhängen, die Stärken und Perspektiven verschiedener Generationen zu integrieren und eine Kultur der Zusammenarbeit, des Lernens und der kontinuierlichen Verbesserung zu fördern. Unternehmen, die diese Herausforderung erfolgreich meistern, werden in der Lage sein, sich in einem dynamischen und oft unsicheren Umfeld erfolgreich zu behaupten und nachhaltigen Erfolg zu erzielen

Zusammenfassend lässt sich sagen, dass die Integration der Werte und Bedürfnisse der Generation Z in die Unternehmensstrategie entscheidend für den zukünftigen Erfolg leistungsorientierter Organisationen ist. Durch die Förderung von Flexibilität, kontinuierlichem Lernen und einer positiven Unternehmenskultur können Unternehmen nicht nur die Gen-Z als wertvolle Mitarbeiter gewinnen, sondern auch deren Potenzial ausschöpfen. Die Zukunft der Arbeit wird von diesen dynamischen Veränderungen geprägt sein, und die Unternehmen, die sich anpassen, werden in der Lage sein, in einem sich ständig wandelnden Markt erfolgreich zu bestehen.

Weitere Bücher der Reihe:

Potenzial entfalten durch prompten

Prompten wird oft gleichgesetzt mit „Googlen nur anders". dabei können gute Prompts nicht nur die Effizienz steigern sondern auch dem Fachkräftemangel in einigen Bereichen die Stirn bieten! Fehlendes Wissen, Angst vor hohen Kosten aber auch Skepsis und Unsicherheit bei der Implementierung sind jedoch oft Gründe, nicht mit Bots zu arbeiten. Trotz dieser Herausforderungen gibt es viele Erfolgsgeschichten, die zeigen, wie mittelständische Unternehmen von der richtigen Nutzung der sogenannten Bots profitieren können.

Influencing

Social Media ist im Mittelstand durchaus angekommen. Laut einer Studie von GROWWW haben bereits seit 2014 rund 80 % aller mittelständischen Unternehmen eine Präsenz auf Plattformen wie Facebook, Instagram, LinkedIn und Co. Allerdings nutzen viele dieser Unternehmen noch keine umfassende Social Media Strategie, was bedeutet, dass sie das volle Potenzial dieser Kanäle oft nicht ausschöpfen. Dieses Buch hilft Unternehmen dabei, die richtige Strategie für ihr Unternehmen zu finden.

KI - Ungenutztes Potenzial

Künstliche Intelligenz (KI) bietet enormes Potenzial für den Mittelstand, wird jedoch oft nicht vollständig ausgeschöpft. Fehlendes Wissen, Angst vor hohen Kosten und Fachkräftemangel aber auch Skepsis und Unsicherheit bei der Implementierung sind nur einige Gründe dafür. Trotz dieser Herausforderungen gibt es viele Erfolgsgeschichten, die zeigen, wie mittelständische Unternehmen von KI profitieren können. Mit der richtigen Strategie und Unterstützung können auch kleinere Unternehmen die Vorteile von KI nutzen, um ihre Effizienz zu steigern und wettbewerbsfähig zu bleiben.

Inhalte teilweise mit Hilfe von KI generiert

Julia Katrin Rohde ist Seriengründerin verschiedener Unternehmen im Bereich Nachhaltigkeit, Medizin oder Beratung.

Zuvor war sie in internationalen strategischen und kaufmännischen Funktionen in Start-ups und Konzernen tätig. Sie war viele Jahre im Bereich M&A tätig und ist Mitbegründerin von advisoryteam, wo sie in Transformationsprojekten die Rolle einer strategischen Beraterin für Führungskräfte und Vorstände innehält. Sie ist Wirtschaftswissenschaftlerin (BA), Psychologin (BSc) und Biomedical Engineering (Dipl. Ing.).

advisoryteam® löst als Partner industrieller Mittelstandskunden mit ihnen gemeinsam ihre Entwicklungs- und Transformationsaufgaben.

Unsere Kunden erreichen mit uns wirkungsvolle Strategien, Organisationen und Prozesse in Zentralfunktionen wie IT, Marketing, Vertrieb, HR oder Finanzen. Digitalisierung und ESG stehen dabei besonders im Fokus.